TE QUIERO CONTAR

ExLibric

RITA TAM

TE QUIERO CONTAR

EXLIBRIC

ANTEQUERA 2020

TE QUIERO CONTAR
© Rita Tam
Diseño de portada: Dpto. de Diseño Gráfico Exlibric

Iª edición

© ExLibric, 2020.

Editado por: ExLibric
c/ Cueva de Viera, 2, Local 3
Centro Negocios CADI
29200 Antequera (Málaga)
Teléfono: 952 70 60 04
Fax: 952 84 55 03
Correo electrónico: exlibric@exlibric.com
Internet: www.exlibric.com

ISBN: 978-84-18470-31-8
Depósito Legal: MA-1222-2020

Nota de la editorial: ExLibric pertenece a Innovación y Cualificación S. L.

RITA TAM

TE QUIERO CONTAR

A la memoria de mi padre, fuente de toda mi energía.

Y para todos los que necesitan contar lo que vivieron,
lo que pervive en la mente y tanto duele en el corazón…

Índice

Prólogo

Cuando decidí abandonar Argentina para radicarme en España no imaginaba que llevaría toda una vida en cuarenta kilos. Así fue que partí esa mañana de marzo del aeropuerto Taravella de Córdoba, el corazón de mi país, con mi hija pequeña, Rocío. Un melancólico y agotador viaje y a la vez tantas ilusiones por conocer la tierra andaluza y el comienzo de un sueño.

Después de que el avión se deslizara por la pista del aeropuerto de Málaga, donde íbamos a reencontrarnos con el resto de la familia, le pregunté a mi hija:

—Rocío, ¿qué ves por la ventanilla?

—¡Montañas, mamá!

Entonces me asomé a la ventanilla del avión y fue mi primera emoción. ¡De veras! Pero grandes montañas; me las imaginaba más pequeñas. Era tanta la ilusión de vivir en una ciudad con mar que se me había olvidado que Málaga también tenía montañas.

Y de pronto ya habíamos descendido por las escalinatas del avión. Estábamos frente a ese mundo nuevo, que prometía sorprendernos ya desde el primer momento, y mirando la cinta transportadora con los equipajes de las personas que llegaban de diversos países pensaba: «Vendrán llenas de sueños, como nosotras».

—Ayúdame, hija. Esas son nuestras maletas.

Caminábamos deprisa hacia la salida, tirando del carrito con las maletas, cuando Rocío comentó:

—¡Mamá! ¿Estarán mis hermanos esperando nuestra llegada?

—¡Sí, claro! Detrás de la puerta de llegadas, ya lo verás.

—¡Cuántas ganas de abrazarlos, madre!

—¡Y yo, hija! Hace nueve meses que espero este día.

De repente se abrió esa puerta: allí estaban esperándonos. Mi hija mayor, Maribel, de cuerpo menudito como su madre, pero rubia y de ojos muy claros. La encontré muy guapa, con sus vaqueros ajustados al cuerpo y una camisa en rosa palo haciendo resaltar su piel bronceada. Se veía feliz del brazo de su esposo, Marcos. Juan Manuel, mi niño, con sus pelos rubios muy largos y sus ojos claros llenos de lágrimas, vestía pantalón blanco y polo azul oscuro. Se apresuró para ser el primero en fundirnos en un gran abrazo. Y entre abrazos, besos y llantos Juan Manuel comentó:

—¡Cogeremos un taxi, madre!

—¡Sí, hijo! Con tantas maletas…

—Mi hermana y Marcos tomarán el tren.

—Todavía estamos en plan economía —explicó Maribel y terminó diciendo—: Verás tu nuevo hogar, mamá. Lo escogimos entre los tres.

—Espero que les guste —dijo Juan Manuel cuando el taxi arrancó por fin. El coche subió por la carretera rodeada de montañas.

—¿Dónde está el mar? —preguntó Rocío.

—Ya lo verás, hermanita. Del otro lado de la ciudad.

No tardaron en cumplirse sus deseos. De pronto, a nuestra derecha, apareció el esperado mar.

—¡Mira, mamá! ¡Allí está!

No dejábamos de hablar, de ponernos al día, cuando al terminar la Alameda Principal miramos hacia la plaza de la Marina, donde tímidamente se asomaba el ansiado mar. Seguimos circulando por el paseo del Parque, lleno de flores, palmeras y todo tipo de plantas y al final una gran fuente, las Tres Gracias. El taxi giró a la izquierda en la glorieta para ingresar en un túnel. En lo alto, una gran muralla resguardando la famosa alcazaba y el castillo de Gibralfaro. En pocos segundos subimos otro cerro y por fin el taxi se detuvo. ¡Llegamos!

—Acá será nuestro nuevo hogar —comentó mi hijo.

Era un edificio de departamentos a lo alto, frente a la alcazaba. Bajamos las maletas, pagamos al taxista y entramos al portal. Subimos por el ascensor y al llegar a la tercera planta Juan Manuel abrió la puerta del piso.

—¡Pasa, madre! Espero que estés conforme con la elección que hicimos para ti.

Y llorando de alegría recorrimos el hermoso piso que hoy es nuestro hogar. Al cabo de un rato sonó la campanilla del portero.

—¡Maribel y Marcos! —gritó Rocío eufórica.

De nuevo abrazos, emociones, risas y llanto. No tardamos en sentarnos a la mesa, que estaba preparada, al igual que la comida. Tantas exquisiteces que nos habían preparado para recibirnos.

Cuando terminamos de almorzar nos acomodamos en la sala para tomar un buen café entre charla y charla. Me reconfortaron el ambiente cálido, las paredes blancas recién pintadas y el amplio ventanal que daba a la terraza, cubierto por cortinas gruesas en un tono verde muy pálido. Haciendo esquina, un gran sofá en verde oscuro, acompañado por una amplia mesa ratonera de vidrio. Sobre ella humeaban las tazas de café recién servido. De frente, un mueble donde se apoyaba el televisor de treinta pulgadas y hacia su costado derecho, la mesa redonda de comedor con sus sillas. En la pared de fondo de la mesa, una luz enfocaba un cuadro. Fui a por él y lo cogí en tanto comentaba:

—Aquí es justo el lugar para el cuadro que viajó conmigo.

—¡Lo has traído, mamá! —Maribel y Juan Manuel comentaron a dúo.

Una pintura en óleo de un pequeño pueblo italiano, el pueblo donde nació mi padre.

Al terminar el café salimos caminando por la acera. A unos cincuenta metros Juan Manuel se detuvo y, mirando hacia la izquierda, comentó:

—Mamá, estas son las escaleras de las que tanto te hablé.

Me lo había comentado por teléfono: «Para acortar el camino hay contados ciento cincuenta y cuatro escalones». Yo no le había dado importancia en su momento, pero ahora, al verlas, no pude más que exclamar:

—¡Como una cuadra, pero de escalones! Se olvidan de que apenas tengo cincuenta y tantos. —«Bueno, lo tomaremos como gimnasia», pensé.

Primeramente fuimos a conocer el piso de Maribel y su marido; hacía poco tiempo que se habían mudado allí. Precioso, tal como me lo había descrito mi hija, combinando colores y texturas. Pequeño, pero no le faltaba nada. Y lo mejor: quedaba cerca del nuestro.

Luego salimos a dar un paseo por el centro de Málaga: calle Granada, la hermosa calle Larios, paseo del Parque, calle Victoria. Acabé moribunda pero feliz. Y nuevamente las escaleras; esta vez tocaba subirlas para llegar a nuestro nuevo hogar, donde comenzaría una nueva vida.

Llegada la noche, la cama me pareció un paraíso, pero cuando apagué la luz y sentí la soledad me corrió un frío helado; me faltaban los brazos del hombre amado, el que dejé con mucha tristeza en el aeropuerto de Argentina con la promesa de que en poco tiempo se reuniría con nosotros.

Solo han pasado dos meses de aquel maravilloso día de reencuentro, de nuestra llegada a Málaga, y ahora estoy aquí, en la terraza del piso, desde donde puedo apreciar un hermoso paisaje con toda la alcazaba de frente. Un sol estupendo penetra por el balcón muy espacioso, donde hay una mesa blanca con cuatro sillas y un sillón muy confortable; ya puse macetas con plantas y flores. Todo lleva a meditar y mi cabeza es una explosión de recuerdos en este tiempo de cambios. Recorro mi vida: cada paso, cada error, tantos sufrimientos y la pérdida de seres queridos; toda mi historia allá, en aquellas tierras lejanas, con políticas convulsas, en ese pueblo donde me crie desde los tres años.

Dejé a mi madre, hermanos y al resto de la familia, mi casa, mis bienes, los amigos, las costumbres, los olores, pero no me pesa. Siento como una liberación, como un alivio. Málaga es la tierra que elegimos. Acá estoy con mis hijos, esta es la familia por la que quiero luchar. Sí, extraño profundamente a ese hombre que apareció en mi vida cuando todavía mi corazón estaba en duelo, cerrando una etapa de mucho dolor. Fernando revolucionó mi sangre, mis sentidos y hasta la familia. Y entre tanto revuelo solo ahora soy consciente de cómo he vivido, oprimiendo todo sentimiento, cerrando los ojos para no ver, para poder creer que todo estaba bien.

Siento todavía el grito que enmudeció mi garganta el día que murió Julio, mi esposo, después de veinticinco años de casados. El padre de mis tres hijos. Ya han pasado varios años desde aquel trágico día, pero lo recuerdo con más fuerza que ningún otro momento porque fue aquel día de tanto dolor cuando cayó la venda que tenía en mis ojos.

Creía que la vida era obedecer, complacer y seguir adelante. Bueno, eran otras épocas y nos criaban para eso: ser la perfecta ama de casa, la buena esposa, fiel y dedicada, madre al cien por cien e hija siempre atenta a las necesidades de los padres.

«No hay más ciego que el que no quiere ver», eso dicen. Detrás de toda esa perfección, ¿a quién le importaba si eras feliz o no? Todo lo que me tocó vivir, perder y sufrir dejó su huella y, si bien saqué fuerzas para seguir, los recuerdos siempre están. Por eso te quiero contar…

PRIMERA PARTE:
LOS COMIENZOS

CAPÍTULO 1

Hija de un inmigrante

De 1914 a 1951

Si hoy nos sentáramos a conversar sobre mi vida, comenzaría contándote que:

Soy hija de un inmigrante, Mario, nacido al norte de Italia, en un pueblito en medio de los Alpes que tiene el paso de frontera con Suiza. Durante tres meses al año solo puedes ver el sol por encima de las montañas, que, a su vez, conservan la nieve en sus picos más altos todo el año.

Mi padre era el séptimo hijo de once hermanos, ocho varones y tres mujeres. Su madre, dulce y abnegada; su padre, estricto y endurecido por la vida. Apenas recién casados y con el primer hijo en camino, mi abuelo tuvo que partir al frente. Corría el año 1914 e Italia entraba en la Primera Guerra Mundial. Al regresar, en el año 1918, al finalizar la guerra, el hijo que había dejado en el vientre de mi abuela ya tenía cuatro años. Los restantes hijos fueron todos muy seguiditos. La abuela vivía encinta.

El 1 de septiembre del año 1939 el país entró en la Segunda Guerra Mundial. Esta vez tres de sus primeros hijos partieron al frente y el abuelo se quedó en la retaguardia. Por aquella época mi padre era adolescente y la vida era muy dura: tenía que cruzar las fronteras con Suiza y dedicarse al contrabando. Todas las noches arriesgaba la vida entre aquellas montañas nevadas para traer comida a la familia y hacer algún dinero.

Fueron muchas las historias que nos contó de sus hazañas cruzando los Alpes para traer al pueblo plátanos y chocolate, que se vendían muy bien. Con lo poco que se comía, eso le daba a la gente más energía. Durante los fríos días otoñales o los cálidos días primaverales cuidaba de las cabras en las praderas. Mientras, en el poco tiempo que le quedaba libre, junto a sus hermanos aprendía el oficio de su padre, albañil de obras. La abuela pudo ver regresar a sus tres hijos de la guerra, uno de ellos mucho tiempo después de finalizada porque fue hecho prisionero. Él mismo cuenta en un libro que escribió la odisea que le tocó vivir y cómo llegó a casa para ver a su madre, que, afectada por un cáncer de útero, murió poco tiempo después.

Eran tiempos muy difíciles, con el país en ruinas y una familia numerosa que trataba de encaminarse, cada uno buscando su destino. Dos de los hermanos de mi padre partieron rumbo América; la providencia los llevó al norte argentino. Uno de ellos dejaba a su esposa hasta que encontrara su rumbo y luego ella viajaría para reunirse con él.

Dos años más tarde fue mi padre quien acompañó a su cuñada, buscando él también un nuevo horizonte, aunque sus sueños habían sido otros. Mario, con su espíritu emprendedor y luchador, como todos en su familia, había pedido a su padre que le avalara para sacar un préstamo bancario, que en esos tiempos facilitaban a los emprendedores. Como todo estaba devastado por la guerra, quería crear una empresa constructora, ya que él, como varios de sus hermanos, se dedicaba a la construcción. Era la mejor época en un país que tenía que resurgir desde las cenizas. Pero su padre le dio un «no» rotundo.

Así pues, con todo el dolor del alma, Mario, que tenía lazos muy fuertes con sus hermanas y dejando un amor en el puerto porque los padres no permitieron que se casaran y partieran juntos, embarcó con su cuñada en el barco Paolo Toscanelli rumbo a Buenos Aires.

Tiempo después el abuelo tuvo que firmar ese aval, que había denegado a mi padre, a los dos hijos más pequeños para no verlos partir. Ellos sí fundaron la empresa que Mario había soñado, la cual todavía está trabajando, fuerte y próspera.

CAPÍTULO 2
Con un baúl lleno de sueños

De 1952 a 1955

El 3 de marzo del año 1952 desembarcaba en el puerto de Buenos Aires un gringo, como llaman en Argentina al inmigrante europeo rubio de ojos celestes, muy guapo. Traía como equipaje un baúl metálico con abrazaderas verdes oscuras, cargado de sueños y con muchas ganas de forjar un país, como tantos inmigrantes de aquella época.

Era el año en que Argentina pasaría a la historia. El año que marcó un antes y un después. El país estaba gobernado por el coronel Juan Domingo Perón. Fue un Gobierno democrático a pesar de su rango militar; tuvo años de mucha prosperidad y avances sociales, pero también fue el principio sin final de una corrupción que aún persiste y, como ya mencioné, marcaría la historia del país.

El 26 de julio de ese año murió a los treinta y tres años su esposa, Eva Duarte, víctima de un cáncer, dejando en su corta vida un pueblo dividido en grandeza y odio, separando para siempre la convivencia de su gente. Ella logró para su pueblo grandes conquistas sociales, poniéndose en contra a los grandes capitalistas y terratenientes de la época, y puso de su lado a los «descamisados», como ella llamaba a la masa trabajadora. Les dio el voto por ley a las mujeres, aunque ella no fuera su verdadera impulsora, sino Alicia Moreau de Justo, incansable luchadora por los derechos de las mujeres.

En esos años Argentina era grande y próspera. Ayudó a países como España e Italia, entre otros, en la posguerra; era el granero del mundo y el albergue para tantos inmigrantes que querían una vida mejor. Pero todo lo que pudo ser en esa época no fue más que una utopía que aún persiste.

Mario y su cuñada recorrieron muchos kilómetros, un largo viaje en tren con mucha incertidumbre y tantos sueños para re-encontrarse con sus hermanos. Uno de ellos ya había contraído matrimonio y el otro esperaba a su esposa después de una larga separación. Así llegaron a Reconquista, una ciudad del norte argentino rodeada de grandes hectáreas de campo, tierra fértil y generosa abrazada por el río Paraná. La agricultura y la ganadería daban vida a la zona y desde su propio puerto los buques partían con carne, trigo, algodón, maíz y girasol hacia los puertos de Rosario y Buenos Aires para exportar al mundo.

En aquella misma región, pero en el campo, se había criado mi madre, Rosa, hija menor de ocho hermanos. Su padre era comisario del pueblo y su madre, trabajadora y buscavidas, tenía un almacén de ramos generales. Al jubilarse el padre se trasladaron a la ciudad de Reconquista. Varios de sus hijos ya estaban casados. Compraron una casa grande, con una amplia cocina y una gran sala, donde la madre abrió un comedor que ofrecía comida a las pensiones que había en la zona, ya que muchos hombres hacían trabajos transitorios en la época de cosecha, dejando por unos meses a la familia. Así también vivía Mario.

Sus hermanos habían formado cada uno su propio hogar y entre los tres crearon una empresa constructora, en la que trabajaban haciendo escuelas para el Gobierno. Algunas de esas obras eran proyectos muy pequeños en lugares de muy pocos habitantes, pero el Gobierno las facturaba igual que otras más grandes e importantes que llegaron a hacer en la región.

Tres años más tarde se produjo en el país la Revolución del 55. El 16 de septiembre cayó el Gobierno peronista ante un golpe sangriento de los militares, que tomaron el poder. El general Eduardo Lonardi asumió la presidencia. Perón logró escapar a Paraguay para luego exiliarse por muchos años a la capital de España, a Puerta de Hierro (Madrid).

Dos meses después asumió la presidencia el general Pedro Eugenio Aramburu bajo Gobierno de facto. Propulsor de la autodenominada Revolución Libertadora del 55, desterró todo lo alusivo al partido peronista y, tras un intento golpista de militares que apoyaban a dicho partido, el Gobierno dio la orden de fusilamiento a dieciocho militares y quince civiles en la que fue llamada la Operación Masacre.

Años más tarde sería vengada esta atrocidad con la propia muerte del general Aramburu.

CAPÍTULO 3

Mis padres y sus comienzos

De 1956 a la década de los 60

Al año siguiente Mario, que aún vivía solo en una pensión, comenzó a frecuentar el comedor de la que sería mi abuela para almorzar y cenar y allí conoció a su hija Rosa, alta, muy guapa, con sus cabellos renegridos al igual que sus ojos. Al verse quedaron prendados y entre ellos nació un amor que sería eterno. A los seis meses de noviazgo contrajeron matrimonio.

Se fueron a vivir a una vivienda muy pequeña y precaria hasta que Mario pudo terminar la casa que estaba construyendo con sus propias manos en el poco tiempo que le quedaba libre. En el trabajo tanto el cómo sus hermanos eran imparables. Rosa le ayudaba en lo que podía para su nuevo hogar: le alcanzaba ladrillos, cubos con mezcla o algún puntal. Todo valía. Cuando por fin estuvo terminada, mi madre decoró sus ventanas con cortinas hechas por ella misma y los jardines con crotón en sus amplias variedades, filodendros y buganvilla de varios colores, hermosas plantas típicas de aquel clima tropical. Hasta un pequeño ceibo esperaban ver crecer en el centro del patio y que al tiempo luciera su bella flor nacional. Estrenaron su nueva casa antes de que Rosa diera a luz a su primer hijo. Allí nací yo. Corría el año 1957 y me llamaron Marita por los nombres de mis dos abuelas.

En ese año el Gobierno convocó elecciones para asamblea constituyente y se hizo una reforma del texto del año 1853, en la que se añadió un amplio conjunto de derechos sociales que, para los tiempos que corrían, eran de suma necesidad. El presidente Aramburu formó su propio partido democrático y llamó a elecciones en el año 1958, donde perdió el gobierno. El pueblo votó por Arturo Frondizi.

Cuántas veces escuché decir a mi padre, Mario: «¡Qué bien nos iba con Frondizi!». Si al menos hubiese durado más tiempo… Su principal objetivo siempre fue la legalidad para todos. Anhelaba la paz social y el desarrollo económico. El país en ese tiempo tuvo un viraje ideológico más desarrollista, pero el Gobierno tuvo la «gran idea» de legalizar al Partido Peronista para las próximas elecciones. Disconformes los militares, otra vez destituyeron al presidente y asumió el Gobierno José María Guido.

Por aquellos años la constructora de los tres hermanos ya no trabajaba para el Gobierno; aun así, seguía progresando con muchos sacrificios. Eran gringos muy trabajadores, pero los chismes entre las cuñadas (que si no se repartían bien las ganancias, que si uno trabajaba más que el otro y los problemas típicos de cada pareja, que se distorsionaban en cada comentario) desgastaron las relaciones entre ellos. Esas rencillas hicieron que a fines del año 1959 vendieran la empresa y repartieran las acciones. En ese año nació mi primer hermano, Mauro.

Mi padre tomó entonces la decisión de abandonar América y regresar a su tierra con su esposa y sus dos hijos pequeños. En el año 1960 embarcamos en el buque Federico Costa rumbo a Italia. Llegamos al pueblo natal de Mario, donde se reencontró con su padre y sus hermanos. Mi madre conoció entonces a toda la familia de su esposo y recorrimos (aunque yo de esa época apenas recuerdo nada) una gran parte del norte italiano. Era un hermoso país, aunque todavía estaba en plena lucha de reconstrucción por la posguerra y ni mi padre ni su familia lograron persuadir a Rosa de quedarse a vivir en esas tierras lejanas. Ella echaba tanto de menos su país, su gente, y le costaba tener que lidiar con otro idioma y con un clima muy frío, con grandes nevadas que Rosa, nacida y criada en una zona tropical, jamás había visto en su vida.

Mal que le pesara a mi padre, a los seis meses regresamos a Reconquista, Argentina, donde todavía la situación económica era sólida y aún se creía en un futuro más próspero. El destino, en cambio, les marcó otro rumbo y al llegar al país le ofrecieron a Mario un trabajo en un pueblito de las sierras de Córdoba, en el centro del país, donde ya estaban ubicados sus dos hermanos; a ochocientos kilómetros de donde nacimos mi hermano y yo, dejando lejos nuestra casa natal, a los abuelos, tíos y primos. La empresa que lo contrató le ofreció la gerencia de una financiera. Él jamás había trabajado en algo parecido, pero su coraje era mayor al miedo. Mi madre ya no pudo negarse al cambio y partimos a probar suerte. Alquilaron una vivienda con un local en la planta baja, donde se abrió la oficina y comenzó su labor. Y yo, al jardín de infantes. Nació entonces mi tercer hermano: Miguel.

Mario era una persona alegre y optimista y en poco tiempo se hizo querer en el pueblo. Ayudó a mucha gente por medio de su trabajo, que consistía en financiar algún proyecto. Lo malo venía cuando el cliente no pagaba su deuda y lo pasaba al departamento de cobranza, donde actuaban los abogados. Entonces el bueno del gringo era «un malparido» por gestionar un impago y, siendo aquello un pueblo, debió continuar su labor y poner las dos caras. «Este país no se estabiliza en sus gobiernos y la inflación sigue subiendo. ¿Así a la gente cómo no se le va a hacer cada vez más difícil cumplir?», escuchaba decir a mi padre, preocupado.

Otra vez los militares llamaron al pueblo a elecciones y en octubre de 1963 asumió la presidencia por el Partido Radical Arturo Humberto Ilia, médico cordobés. Se decía en aquellos tiempos que su gestión era muy buena pero lenta. La educación tuvo un peso fundamental e impulsó la industrialización, pero fue portada de todos los diarios la ley de medicamentos y fue la gota que colmó el vaso para enfrentarse con los militares, que no estaban de acuerdo con dicha ley y nuevamente asumieron el control del país. En junio de 1966 tomó la presidencia el general Juan Carlos Ongania en un Gobierno de facto. A su gestión se la denominó Revolución argentina. Y vaya si lo fue. Congeló los salarios, devaluó la moneda, aumentó las retenciones; pero, por encima de todo, sancionó la ley de arbitraje, que condicionó la posibilidad de huelga y censuró toda expresión artística. Muy lejos de lo que pretendió, el pueblo argentino se fue rebelando. El país era un constante vaivén de presidencias democráticas y golpes continuos de las fuerzas armadas y no hacía más que retroceder en cada gestión de gobierno.

Mientras tanto, Mario trabajaba sin descanso. Compró un gran terreno y comenzó a construir la que es ahora nuestra casa paterna. Su trabajo era constante: no había sábado ni domingo ni siestas. Todo momento libre lo aprovechaba para levantar las paredes de la vivienda. Mi madre y los hijos ayudábamos acarreando ladrillos o lo que fuera posible. Éramos niños, pero nos criaron con ese espíritu de trabajo y de entrega, siempre medida por la corta edad que teníamos. Fue un placer muy grande que a pocos días de estrenar la casa, en el año 1967, naciera allí mi cuarto hermano, Marcelo.

Yo tenía ocho años cuando mi padre nos había traído de regalo la televisión, algo muy novedoso en esos años, ya que la primera reproducción de Córdoba había sido pocos años antes por Canal Doce. Así pudimos ver en los noticieros cómo los jóvenes estudiantes universitarios, docentes y graduados se manifestaban en contra de la autonomía del poder político. El Gobierno mandó a la policía a reprimir dando bastonazos a los manifestantes. Detuvieron a cuatrocientos de ellos y se destruyeron laboratorios y bibliotecas.

Fue la gran fuga de cerebros del país, la famosa Noche de los Bastones Largos, y la primera despedida: uno de mis primos tuvo que emigrar buscando nuevos horizontes para poder terminar su carrera en libertad y sin miedo.

El clima político-social se fue agravando, surgieron actos de protesta y huelgas en todo el país. Aún recuerdo las caras de horror, el miedo y la incertidumbre del día 29 de mayo del 69. Recuerdo a toda la familia reunida en la casa de uno de mis tíos, pendiente del televisor y la radio. Por momentos se cortaba la luz y quedábamos a la espera, a la luz de las velas. Muy entrada la noche seguíamos esperando ver nuevas noticias, pero a medida que pasaban las horas la situación se agravaba.

Los obreros, los universitarios y corrientes políticas de izquierda, como vecinos de la ciudad de Córdoba (la más industrializada de la época), salieron a las calles céntricas, provocando un violento enfrentamiento con las fuerzas policiales. Los hechos se tornaron incontenibles. La ciudad ardía en llamas: incendiaron negocios, autobuses, coches, todo lo que encontraban a su paso. La policía, al verse desbordada y al producirse la primera víctima fatal entre los manifestantes, se retiró. El Gobierno ordenó al ejército salir a las calles y reprimir a toda persona que estuviera en los disturbios. El saldo fueron numerosos muertos y heridos y la detención de los principales gremialistas.

Esta jornada entre luces y velas, tan recordada en mi memoria, fue el denominado Cordobazo, punto histórico en la política de las últimas décadas. Tuvo un efecto multiplicador de manifestaciones violentas contra el Gobierno militar y la burocracia sindical y fue punto de partida para la formación de las primeras agrupaciones de izquierda, de las cuales surgió el Ejército Revolucionario del Pueblo, «Montoneros». Fueron ellos quienes, en junio de 1970, secuestraron y asesinaron al expresidente Pedro Eugenio Aramburu, cumpliendo la venganza de los crímenes de su Gobierno contra el régimen peronista.

Entretanto, el país no encontraba su rumbo. El hombre pisaba la luna el 20 de julio del 69 con el Apolo 11 y emocionados podíamos ver por la televisión en blanco y negro lo que acababa de acontecer.

CAPÍTULO 4
Una infancia feliz

La infancia y los recuerdos

Muy a pesar de todas aquellas convulsiones en el Gobierno y la política, mis hermanos y yo nos criamos felices en un pueblo tranquilo abrazado por dos ríos cristalinos y mansos, con una frondosa arboleda de plátanos orientales y sauces llorones. Como trasfondo, las sierras chicas, donde se puede apreciar el cerro Pan de Azúcar, que desde su altura te vigila y cobija.

Éramos muy amigables con todo los vecinos, con los cuales compartíamos tantas aventuras de niños (qué bueno recordar esos momentos) cuando jugábamos a los indios. Teníamos las chozas arriba de los plátanos, árboles nobles que nos permitían jugar en su imponente porte, protegiéndonos con sus frondosas copas. Siempre controlados por mi madre, que ponía los límites, porque mi padre pegaba muchos gritos, pero no inspiraba miedo. Al momento del castigo seguro que se reía o nos decía una frase tipo: «Se van a dormir descalzos». Terminábamos todos muertos de la risa y Rosa, furiosa.

En las mañanas de los domingos papá nos llamaba a todos los hijos para que fuéramos a su cama a jugar mientras mi madre le cebaba unos cuantos mates, ya que Mario había adoptado el mate argentino como costumbre propia y le encantaba.

Fuimos niños muy felices, alentados en el deporte y en la vida al aire libre. Lo único que recuerdo triste de mi niñez fue que mi tío Néstor, hermano de mi madre, murió muy joven por un cáncer muy agresivo y fulminante, dejando a su viuda con tres niñitos y uno más en su vientre. Yo tenía siete años y nunca se borró de mi mente aquella despedida. Al cabo de tres meses nos dejó mi abuelo, que no pudo soportar la falta de su hijo. A partir de ese episodio, mi «nona» María empezó a viajar y pasar largas temporadas en nuestra casa. Era muy grato tenerla; tenía un temple muy especial y nos llenaba de cariño.

Con mucho trabajo y esfuerzo, mi padre logró tener varias propiedades, todas construidas por él. En su juventud el trabajo en Argentina rendía. También sus dos hermanos lograron una buena estabilidad económica. Vivíamos todos muy cerca y en buenas relaciones familiares, salvo algunas discordias pasajeras, pero entonces, al no haber negocio de por medio, pronto pasaban.

Eran muy habituales las reuniones entre familia y amigos, donde se cantaba y bebía el vino patero que hacían los hermanos gringos. Cada uno tenía su propia bodega. Bueno, así las llamábamos, porque en realidad eran cuevas frías y húmedas que usaban para tal fin.

Era una niña cuando un día mi padre me llevó con él a comprar la uva. Al llegar a su bodega la puso en una tinaja grande de cerámica gris, que a mí se me antojaba un caldero donde preparábamos un caldo mágico. Yo llevaba un vestido blanco; aun así, él me metió dentro y me dijo: «Vamos, písala». El vestido se llenó de vetas moradas y yo no paré de reírme, incluso cuando mi madre le echó una enorme bronca a mi padre, que también reía sin parar. Me produce tanta nostalgia cuando entro en alguna bodega y huelo el olor fuerte y dulzón de la uva fermentada...

Me recuerda al que salía de la tinaja (aquel día casi emborraché por solo aspirarlo) y me parece ver a mi padre pisando la uva, feliz.

Qué lindas eran las noches bailando y cantando en italiano en mi casa, donde todo era alegría y la gran voz de tenor de Mario hacía temblar los cristales. Todavía me parece escucharlo cuando cantaba *Mamma*, *O sole mio* o *Paloma bianca* (por algo participó hasta que pudo en el coro municipal del pueblo) y se me caen los lagrimones cada vez que escucho cantar a Andrea Bocelli. Me recuerda tanto a la voz de mi padre…

Aunque después de las fiestas venía el sabor amargo de ver a papá llorando su borrachera, que siempre le traía nostalgias de su tierra. En esos tiempos yo me enojaba mucho al verlo así, pero ahora entiendo cómo se sufre con los recuerdos. Ahora que estoy aquí, muy lejos, escribiendo en la playa de esta Málaga llena de sol que te inspira a soñar y a pensar que se puede ser feliz. Y yo deseando serlo. Me reconforta ver que mis hijos están bien, con trabajos y felices a pesar de la crisis económica de España. Rocío adaptándose a la nueva escuela, contenta con los compañeros, que la acogieron muy bien; Juan Manuel trabajando en una empresa de venta de ropa para hombres; y Maribel en una asesoría y se apuntó en la Facultad de Economía de Málaga para homologar su título universitario. Todo está más que bien. Aun así, los meses han ido pasando y me siento sola. Extraño los apasionados besos de Fernando, sus brazos fuertes y reconfortantes, su risa y ese espíritu optimista que llenó de aire fresco mi vida. Y estoy frente al mar, justamente lo que nos separa. Estás muy lejos, Fer.

Si bien estamos mañana, tarde y noche frente al ordenador por cámara web (nos miramos, hablamos, reímos, nos enojamos…), no nos podemos tocar y nos hacemos tanta falta… Espero ansiosa el día que Fernando decida cruzar las aguas y venir a Málaga a reencontrarnos. Mientras, los recuerdos de mi vida en mi tierra, en aquella Argentina inestable, no hacen más que volver y volver, dando vueltas en mi cabeza.

CAPÍTULO 5
El primer amor

Comienzo de los años 70

Justamente el día que cumplía mis trece años estaba en el jardín del portal de casa, disfrutando de un lindo atardecer con mi amiga Carmen, cuando pasó por la acera un amigo de la niñez, José, con dos jóvenes más a los que yo no conocía. Nos presentaron y uno de ellos, de pelo cortito, ojos verdes oscuros, mirada muy penetrante, muy educado y vestido de punta en blanco con su *jeans* de marca Levi's y cinturón en cuero crudo, polo en amarillo claro y zapatillas blancas, era Julio. Entre charlas y risas quedamos en que volveríamos a vernos. Yo esperaba todas las tardes con mi mejor vestido verlo pasar por la acera y poder platicar con él. Así, poco a poco, nació entre nosotros ese amor juvenil lleno de fantasías y de poemas que yo escribía en mi soledad, porque nunca llegué a leérselos.

Él tenía quince años, los dos estudiábamos: yo en primero del secundario y él en tercero. Mis padres se dieron cuenta de que entre nosotros nacía un sentimiento más profundo que una amistad, pero como sabían que a pesar de mi corta edad era muy madura y responsable y él también lo era, no pusieron ninguna objeción. Debieron de pensar que a esa edad todo pasa como un vendaval. Y no se equivocaron.

Por mucho que lo intentara, yo no lograba entender la forma de pensar de Julio. Me había criado libre y feliz, sin tabúes, sabiendo cuáles eran los límites en aquella época. Me gustaba cantar, bailar, reír, hacer deporte y tener muchos amigos. Hasta sabía conducir vehículos con mis pocos años, porque mi padre decía que era sumamente necesario. En cambio, Julio me cuestionaba todo. Criado en una familia muy pudiente, su padre, veinte años mayor que su madre, vivió preocupado por su avanzada edad, inculcándole a Julio, que era el mayor de lo hijos varones, la responsabilidad por su familia. Y su madre era muy cariñosa, pero obsesiva y machista, y bien lo reflejó siempre en su hijo.

Una noche fuimos a un baile acompañados de mi madre, como era corriente en esos tiempos. Yo lucía un vestido minifalda en color pistacho y bailábamos en la pista del club del pueblo cuando:

—Un poco corto, ¿no? —comentó Julio, y algunas cosas más que ya ni recuerdo. La música fue sonando cada vez más lenta y él, tomando mi cuerpo cada vez más cerca—. Qué lindo tienes el pelo. Y qué rico perfume —trató de arreglar los comentarios anteriores y, haciéndose el mimoso, pegó sus labios a los míos por primera vez y yo, asustada o decepcionada, lo aparté de mí.

No sé qué pasó en mi interior, si fue el miedo a que mi madre nos viera o porque ya me había cabreado con su comentario por mi vestido y por todos los que en poco tiempo de estar juntos había escuchado. Decidí cortar con él y quedar solo de amigos, aunque en el fondo el sentimiento doliera, pero llevábamos poquitos meses de noviazgo y éramos muy jóvenes, así que pensé: «Pronto se pasa».

En esos tiempos, en los que afloraba mi primer amor, poco me preocupaba por la política de mi país. Con la caída del Gobierno de Ongania asumió la presidencia el general Roberto

Marcelo Levigston y en muy poco tiempo el general Alejandro Agustín Lanusse. En el mandato de este último se ejecutaron grandes obras de infraestructuras, tales como puentes, centrales eléctricas o represas como el dique que se construyó cerca de mi pueblo, dejando un hermoso paisaje. Pero desde entonces, cuando llueve, nuestros ríos ya no son mansos, se desbordan y hay que ver los problemas que traen las inundaciones en el pueblo.

Una mañana de agosto del año 1972 amanecimos con el titular: «La masacre de Trelew» en los periódicos. Los militares habían asesinado en una cárcel del sur del país a diecinueve jóvenes de distintos movimientos revolucionarios. Esto dio pie a una gran movida en el Gobierno, que se planteó una salida democrática y trató de calmar los ánimos invitando al general Perón a regresar de su exilio.

Más allá de los terribles problemas políticos, para mi familia fue un hermoso año. Nació el quinto y último de mis hermanos, Martín, y yo festejé mis quince años, que en Argentina es como la puesta de largo en España. Fue a bombo y platillo, porque para el evento llegaron desde Italia mi abuelo, con ochenta y seis años, y dos de sus hijos: el mayor y el menor con su esposa. Era la primera vez que unos familiares de mi padre visitaban Argentina. Así conocimos al abuelo paterno. También llegaron al festejo muchos familiares de mi madre de mi querida Reconquista, entre ellos mi abuela. Todos querían conocer a Martín, el nuevo integrante de la familia, un bebé rubio, regordete y muy tranquilo. Para mí él fue como un regalo del cielo. Recibió todos los mimos al ser el hermano menor, con mis quince gloriosos años de diferencia. Fue una gran fiesta; bajé al salón por una escalinata luciendo un vestido blanco largo muy vaporoso, con tacones, y un peinado trenzado con florecitas blancas. Parecía una pequeña novia. Bailé el *Vals de los quince años*, de Juan D'Arienzo, con mi padre y el resto de los invitados. No solo estaba la familia; había compañeros de escuela y amigos. También Julio fue invitado y me vigiló toda la noche porque yo tenía otros pretendientes. En un momento que pudo acercarse a mí me dijo:

—Tenemos que bailar el vals. Así lo ensayamos para cuando nos casemos. Estás muy bella, pareces una novia.

Y yo, en rebeldía, no bailé esa noche con él, por lo cual se fue de la fiesta muy enfadado.

CAPÍTULO 6
Un tiempo de cambios

Entre los años 73 y 75

Cualquier argentino recordará por siempre los años venideros, que fueron muy convulsos, con la sucesión de hechos que marcaron a fuego nuestra historia política y social.

En realidad, desde el exilio, el general Juan Domingo Perón estuvo siempre en los trasfondos de gobiernos tanto militares como democráticos del país y tuvo una estrecha relación con la España franquista. Así, el 20 de junio de 1973 el país entero veía por televisión el regreso de Perón, cuando en el aeropuerto tuvo lugar la llamada Masacre de Ezeiza, donde la izquierda de los Montoneros y sectores de derecha del peronismo se enfrentaron por el control del palco de honor, dejando un saldo de numerosos muertos y heridos.

Hacía dos meses que Héctor Cámpora era presidente de la nación por el Partido Peronista. Después de un tejemaneje político se convocó al pueblo a nuevas elecciones con la fórmula «Perón, Perón», por la que el general y su tercera esposa, María Estela Martínez, ganaron rotundamente. Perón, con setenta y ocho años y delicado de salud (en plena presidencia de la nación por tercera vez), murió el 1 de julio de 1974. Tuvimos tres días de duelo nacional, la gran tristeza de todos sus seguidores, que fueron fieles a su líder por tantos años, y un funeral de estado recordado como el de Eva Duarte de Perón.

Al asumir la presidencia, María Estela Martínez de Perón (Isabelita, como la llamaban) se convirtió en la primera mujer al mando de una república latinoamericana, con la absoluta influencia en el Gobierno de José López Rega, encargado del Ministerio de Bienestar Social, quien organizó al grupo terrorista paramilitar la Triple A.

Su gobierno se desarrolló en un marco de extrema violencia política, en la que actuaron varios grupos armados. Vivimos situaciones que nada tenían que ver con la democracia; por el contrario, se intervinieron todos los sindicatos, universidades, canales de televisión privada y hubo una gran censura a diarios, revistas, libros y espectáculos. Así, tuvimos que presenciar el exilio de grandes artistas con mayúsculas. La economía sufrió daños irreparables, una inflación galopante y comenzó la carrera incontrolable de la deuda externa.

Ese año, 1974, quedó por siempre en mi memoria. Yo me recibí del secundario, un tiempo inolvidable para cualquier joven: la fiesta de fin de curso, el viaje de estudios, pero también el despertar a una realidad, donde comienzas a ver qué pasa en tu país. Y vaya si nuestras generaciones despertaron.

Comencé mis estudios en la Universidad de Arquitectura, Urbanismo y Decoración y fueron muchos los episodios donde los alumnos tuvimos que cubrirnos bajo el pupitre para protegernos de las ráfagas de balas y roturas de vidrios que llegaban del exterior de las aulas. Nunca participé de ninguna manifestación, pero sí, como muchos, tuve que soportar los disturbios que en cualquier momento del día se producían: tiroteos entre guerrilleros, policías, manifestantes y hasta militares. Recuerdo el miedo al salir de las aulas y buscar la calle por donde poder escapar de la violencia, que no tenía límites. Quemaban tiendas, coches, autobuses… Daba igual. El caos se apoderaba de las calles de Córdoba, como de cualquier otra ciudad del país. Nadie se fijaba en quién caía. Los jóvenes que solo íbamos a estudiar llevábamos el pánico en la piel. ¿Cómo escapar del infierno para regresar a casa? Todavía se acelera mi corazón al recordar aquel día que bajaba del autobús para dirigirme a la facultad y una ráfaga de balas hizo que instintivamente me tirara al suelo, al igual que otros transeúntes. Cuerpo a tierra, fuimos buscando por debajo de las mesas de un bar salir de aquella situación. Al fin pude ponerme de pie y caminar de prisa, pero sin correr por miedo a que los *milicos* me vieran escapar y pensaran que era una guerrillera, ya que disparaban sin hacer preguntas.

Caminé tanto que ya era de noche cuando llegué al piso donde vivía la familia de Julio. Hacía poco tiempo que se habían mudado a la ciudad de Córdoba y me había dado su dirección por si tenía algún problema en esos tiempos turbulentos. Pasé allí la noche, ya que habían cortado todo medio de transporte y no podía regresar a mi pueblo. Una de sus vecinas me facilitó el teléfono de su piso para llamar a mis padres y comunicarles lo que me estaba ocurriendo y tranquilizarlos. En aquellos tiempos conseguir un teléfono era todo un tema y ahora no podemos vivir sin ellos.

La familia de Julio me acogió de maravilla y que yo recurriera a él en un momento difícil le dio pie para poder, nuevamente, acceder a mi conquista.

También para Mario fue un año de cambios: se sancionó la ley por la que las financieras pasarían a ser entidades bancarias y la firma que él administraba decidió cerrar. Tuvo que reciclarse y cambiar de trabajo. Abrió, en el mismo sitio, una venta de muebles con financiación propia. Fueron sus mismos clientes el empujón inicial y le fue muy bien. Era trabajador por naturaleza y visionario en los negocios. Mi madre lo ayudaba con la atención al cliente, al igual que mi hermano Mauro y yo, en tanto papá construía alguna de las tantas casas que logró tener.

Los años siguientes a la visita de mi abuelo de Italia vinieron varios de la familia. Así conocimos a todos los hermanos de papá, algunas cuñadas y sobrinos. Uno de mis tíos compró en Argentina un campo de ochocientas hectáreas en sociedad con mi padre, quien tuvo un pequeño porcentaje, aportando también la administración del mismo. Se dedicaron a la cría de ganado. Eran unas tierras ubicadas al norte de la provincia de Córdoba, en un lugar bellísimo al pie del cerro Colorado. Rocas de color rojizo a las que el sol da un brillo muy especial, con valiosos yacimientos pictográficos, herencia de los indios comechingones. Aquel paraje natural debía su belleza a la diversidad de vegetación y fauna autóctona y a sus ríos frondosos, frescos y cristalinos, en cuyo fondo anidan piedras de todos los colores.

Allí pasábamos los fines de semana. Era un placer montar a caballo y gozar del aire libre. Escalábamos el cerro y disfrutábamos de largas caminatas, bañándonos en las cristalinas aguas del río, y bajo la sombra de algún árbol nos juntábamos a tomar unos mates con criollitos. Cuando regresábamos a la casa, los hombres arrimaban leña para hacer el fuego. El asado era el protagonista y siempre alguno terminaba gritando:

—¡A ver si las señoras se preparan unas ricas empanadas criollas mientras nosotros asamos la carne!

Lo pasábamos muy bien…

Llegaría después el día que se convirtió en desgracia y fue el fin de las estadías de campo, porque nadie quiso volver en mucho tiempo.

CAPÍTULO 7
Golpe de Estado y la mili

Verano del 75 y el convulso año 76

En esas tardes del verano del 75 Julio, que siempre estuvo rondando por mi casa y en mi vida, terminó persuadiendo a mi razón, porque el sentimiento estaba desde siempre, y comenzó nuestro formal noviazgo.

Ese mismo año Julio ya no se apuntó a la escuela. Tuvo que dejar sus estudios para ayudar al padre, que, con avanzada edad, había perdido su buena posición económica y la familia se encontraba ante un gran problema. Así, comenzó a trabajar como cadete en una gran empresa, a la cual le dedicaría con pasión toda su vida.

Una mañana, en los primeros días del año 76, Julio se presentó en mi casa. Al abrir la puerta noté su rostro desencajado y en su mano traía, moviéndolo nervioso, un sobre. Sin saludar siquiera empezó a gritar eufórico:

—¡No puedo creerlo! ¡No puedo creerlo! —gritaba sin dejar de mover ese sobre.

—¿Qué sucede, Julio? —le preguntó mi padre, que se acercó al escuchar sus gritos.

—Me llaman a cumplir la mili. Si yo tenía un número de sorteo muy bajo. Se suponía que me salvaba del servicio militar.

Estaba muy preocupado. Julio necesitaba trabajar para ayudar a su padre. En ese momento no teníamos palabras para consolarlo. A los pocos días fue acuartelado para cumplir con el deber.

Se presentía que algo fuerte estaban preparando los militares para derrocar al Gobierno de Isabelita, que era un verdadero desastre. Por tal motivo, a los nacidos en el año 1955, a los cuales les tocaba la mili, no se les tomó en cuenta el número de sorteo como otros años, cuando por numeración baja se salvaban. Los militares necesitaban de todos los reclutas para lo que se avecinaba.

Y así fue. El 24 de marzo del 76 las fuerzas armadas dieron el golpe de Estado más sangriento que se recuerda en las últimas décadas de mi país. De más está decir la preocupación que sentía: Julio en la mili y sin ninguna noticia de él ni de nada de lo que estaba ocurriendo, porque hasta los medios de comunicación cortaron su trasmisión. Pasamos días angustiosos hasta tener noticias suyas.

Los comandantes (Videla del ejército, Massera de la armada y Agosti de la fuerza aérea) tomaron el Gobierno con el lema: «Proceso de Reorganización Nacional».

En todas las charlas de amigos o familiares ya pedíamos por un golpe de Estado que destituyera al Gobierno de Isabelita. Vivíamos una guerra sin saber cuál era el enemigo y en principio se creyó que era una solución para sacar adelante nuestro bendito país. Pero los nuevos gobernantes nos armaron un buen escaparate y tuvieron al pueblo entretenido con grandes eventos, como los preparativos del Mundial de fútbol, la construcción de estadios, la televisión a color… No teníamos información política y todo pasaba por la censura. Otra tanda de artistas, actores y músicos tuvieron que exiliarse del país. Hasta la propia educación de la escuela era censurada: se quemaron infinidad de textos, ya que se pretendía una educación con pocos intelectuales, menos pensante, para arrancar de raíz la subversión. Los meses pasaban y en el país se creía que se estaban tranquilizando las aguas, pero, muy lejos de ser así, miles de jóvenes eran violentados, algunos por sus ideales y otros sin entender nada, perdiendo sus vidas en una oscura y sangrienta historia del país.

Uno de esos días caminaba por la plaza de mi pueblo, la principal, que tiene forma de círculo con muchos pinos a su alrededor y suelo de césped, justamente por donde paseaba una anciana con su perrito. También se pueden apreciar otros árboles o arbustos como pasionarias, espinillos, piquillín y algunos algarrobos, debajo de los cuales unos niños recogían sus vainas esparcidas por los suelos. En su centro la plaza tiene otro círculo con suelo de losetas, algunos bancos, canteros y farolas en hierro forjado. A un costado, un busto del general Belgrano, creador de nuestra insignia patria; y a su vera, el mástil donde los días festivos flamea nuestra bandera. Yo cruzaba la plaza rumbo a la iglesia. Iba muy entretenida, pensando que le hacían falta flores y un poco más de luces a la plaza, cuando escuché una voz que me llamaba:

—¡Marita!

Giré la cabeza hacia mi izquierda y me costó reconocerla. Era una compañera del tiempo de la escuela secundaria. Hacía mucho que no nos veíamos y la noté muy cambiada. Llevaba puestos vaqueros, sudadera oscura y zapatillas blancas, una coleta y su cara lavada. Podía ser algo normal en cualquier joven, pero en ella, que siempre lucía tacones, faldas y el rostro muy maquillado, haciendo resaltar su bella sonrisa con pintalabios, me extrañó mucho.

—¡Graciela! ¡Qué gusto verte! ¡Tanto tiempo! —atiné a decirle cuando me abrazó fuerte y soltó un llanto desconsolado. Me di cuenta de por qué llevaba su cara lavada—. ¿Qué pasa, amiga?

—¿Tú no sabes nada, Marita? —me preguntó.

—¡No! ¿Qué te pasa?

—Raúl. Hace cuarenta días que desapareció.

Era un estudiante de ingeniería; llevaban un buen tiempo de novios, ya desde la época del secundario.

—¿Cómo puede ser? ¿Pero qué ha pasado? Cuéntame.

Después de sonarse la nariz y tratar de calmar su pulso acelerado, un poco tartamudeando comenzó a contarme:

—Según sus padres, Raúl fue a estudiar con otros compañeros de la facultad a la casa de uno de ellos. Este amigo cuenta que salió de su casa muy tarde y tomó el autobús. Al llegar a su casa, un vecino de Raúl afirma haber visto desde su ventana cómo unos hombres lo introdujeron en un coche Ford Falcón oscuro. —Graciela se quedó con la mirada perdida mientras continuaba diciendo—: Y no sabemos más. Hay miles de jóvenes en igual situación, Marita.

La abracé fuerte, saqué un pañuelo de mi bolso para secar sus lágrimas y también las mías, que ya no podía evitarlas. Aunque quería ser fuerte para consolar a mi amiga, me era imposible. Me imaginaba la desesperación de tantos padres en igual situación. Nunca se supo más de él.

Fue uno más en las largas listas de desaparecidos. Como Juancito, un joven del pueblo con discapacidad intelectual. Él nada podía entender, pero tenía una amiga que participaba en reuniones políticas y, como los encontraron juntos, se los llevaron a los dos. Tantos jóvenes fueron secuestrados, brutalmente torturados y asesinados en prisiones clandestinas o lanzados desde aviones militares al río de la Plata o a algún lago, como el San Roque en mi provincia. Muchas jóvenes dieron a luz en cautiverio, en su mayoría fruto de violaciones. Los niños que lograban nacer allí eran inscritos como hijos de algún militar, vendidos o abandonados en institutos para menores.

Desde entonces somos testigos de las incansables marchas de las madres y abuelas de plaza de Mayo, con sus pañuelitos blancos atados a su cabeza, reclamando a treinta mil desaparecidos. Muchos nietos fueron encontrados con vida y aún siguen abiertas las causas judiciales a muchos militares responsables de tal atrocidad.

Mientras tanto, Julio llevaba nueve meses en la mili. En ese tiempo la salud de su padre comenzó a deteriorarse a causa de una fuerte depresión. Como no podía ver a mi novio, salvo alguna que otra visita a los cuarteles los domingos, yo solía visitar a la familia. Así, pasé gratos momentos de charlas con su padre, Jesús, nacido en Galicia, en un pueblito de Vigo. Era un hombre agradable con mucho mundo. Creo que llegué a conocer más de sus historias que sus propios hijos. Pero un domingo, al llegar a su casa, me encontré con toda la familia desesperada llorando. El padre de Julio acababa de morir; sentado en una silla le dio un infarto y no hubo nada que hacer. Lo lamenté y lo eché muchísimo de menos en mis años de matrimonio.

A Julio le dieron la baja del servicio militar por sostén de familia, regresando a su casa y a la empresa donde había empezado a trabajar antes de la mili, con la suerte de que lo pasaran de cadete a un puesto fijo y con mejor sueldo.

CAPÍTULO 8
La boda y mis niños

Años 78-79

Es difícil olvidar el glorioso año 78: Argentina, campeona del Mundial de fútbol y el presidente Videla, aclamado por el pueblo. El país estaba eufórico por el gran triunfo de su selección y el dictador mostraba al mundo que en Argentina sí había libertad y existían los derechos, pero la realidad estaba muy lejos: el pueblo seguía sin saber qué pasaba con los jóvenes que acallaban su voz en la oscuridad de los claustros y el país se empobrecía tanto social como cultural y económicamente.

En el transcurso de ese año contrajeron matrimonio las dos hermanas mayores de Julio y nosotros comenzamos a proyectar el nuestro. Su hermano menor consiguió trabajo y su madre ya cobraba la pensión por viudez. Yo, en tanto cursaba mis estudios superiores y con la ayuda de mi padre, abrí una tienda de ropa para bebés en la cual cosía, tejía o bordaba. Lo que hiciera falta. Me quedaba hasta altas horas de la noche terminando algún trabajo, ya fuera para los estudios o para la tienda.

Me recibí de decoradora de interiores, pero abandoné la carrera de Arquitectura. También vendí mi tienda y jamás ejercí mi profesión porque, según Julio, la mujer no debía trabajar, solo ser esposa y madre, y yo así lo acepté. No me desagradó la idea de dedicar mi vida a formar una familia. Con el dinero de la venta de la tienda compré un terreno donde construiríamos, con el tiempo, nuestra casa.

A finales de ese año 78 nos comprometimos y pusimos fecha para la boda, pero Julio tenía el arte para arruinar los bellos momentos: la misma tarde que me trajo las alianzas para comprometernos armó un follón por celos a un vecino que apenas golpeó la puerta con los nudillos y entró a mi casa, como lo hacía siempre. Era un amigo de la familia y muy querido por mi padre, vecino de hacía mucho tiempo. Como él tenía un negocio que necesitaba del teléfono a diario y no conseguía que se lo instalaran, venía a mi casa. Daniel entró al salón. Estábamos sentados en el sofá y Julio me mostraba las alianzas que había comprado para comprometernos el día de mi cumpleaños, el sábado siguiente. Julio se arrimó a mi oído y murmuró de mala gana:

—¿Qué hace este acá?

—Viene por el teléfono, como siempre.

—¿O a verte a ti?

—Qué cosas dices, Julio. Daniel es casado con hijos, mucho mayor que yo, y sabes bien que siempre viene para usar el teléfono. —Ni siquiera hacía falta aclararlo.

Mi casa en aquellos tiempos tenía las puertas abiertas; todos los vecinos venían para usar el teléfono fijo, ya que era el único en los alrededores.

Su machismo y sus celos eran una señal de cómo sería mi vida, pero no me animé a dar un paso atrás y sufrir por amor. Una voz dentro de mí me decía que usara la razón y doblegara mis sentimientos, pero el amor ganó a la razón, ese amor cálido de juventud hacia Julio, a quien yo veía como un joven carismático, sumamente solidario, trabajador y responsable. Y eso disipaba cualquier otro defecto.

Y llegó el gran día, en el comienzo del año 79. A mis veintiún años, del brazo de mi padre, entré por la alfombra roja a la iglesia Nuestra Señora de Lourdes, la parroquia del pueblo. Yo lucía un bello y sencillo vestido largo blanco; una coronita de flores multicolores adornaba mi cabello largo, que caía en cascada de rizos por mi espalda; y en la mano llevaba el ramo de las mismas coloridas flores. Julio me esperaba en el altar, muy guapo junto a su madre. Ella estaba bellísima, con un vestido largo de gasa en color lila. El cura que nos casó era amigo de mi familia y dio una ceremonia muy emotiva. Al salir de la iglesia, familiares y amigos más íntimos compartimos una espléndida noche de fiesta en un bello restaurante del pueblo vecino.

Al fin solos… A la mañana siguiente nos esperaba un largo viaje de bodas a la bella ciudad de Mar del Plata, con playa, sol y con sus fríos vientos, típicos del clima marplatense, que en pleno verano, por las noches, te calaba hasta los huesos.

Y regresamos para comenzar nuestra vida de casados en un pequeño piso, propiedad de mi padre, que habíamos arreglado con tanto cariño para vivir hasta que nuestra casa propia estuviera construida en el terreno que había comprado.

A los diez meses de casados nació Maribel. A las cinco de la mañana desperté a Julio porque tenía contracciones cada vez más frecuentes. Él, muy asustado, fue a por el coche, que encontró averiado y no pudo darle arranque. Con prisa fue a por el coche del cuñado, que vivía cerca. Luis de inmediato se levantó y se ofreció a llevarnos al hospital de la ciudad de Córdoba, donde mi ginecólogo me había atendido durante todo el embarazo. Por el camino comenzamos a sentir que el coche se movía de una manera extraña y el sonido alertó a Julio, quien le dijo a su cuñado:

—¡Luis, para el coche! Tienes una cubierta en llanta.

Luis, entre risas y nervios, respondió:

—Es que no llevo la rueda de auxilio.

Nos quedamos parados en medio de la carretera, haciendo autostop para poder llegar al hospital, con la buena suerte de que pasaron unos jóvenes que salían de un baile. Viendo mi abultada panza y que con mis manos me la sostenía, el conductor paró el coche y bajó el cristal de la ventanilla para preguntar:

—¿Necesita ayuda, señora?

—¡Por favor! —respondió Julio—. ¿Nos pueden llevar hasta el hospital? Mi señora está por dar a luz y se averió el coche.

—¡Claro! De inmediato.

Los jóvenes, muy asustados, no dejaban de contar anécdotas que para mí no tenían muchos alicientes. Y así llegamos al hospital.

La obstetra que estaba de guardia, una mujer de mediana edad, de muy mal carácter y con convicciones retrógradas, ordenó que me dejaran sola en la habitación con mis contracciones cada vez más dolorosas. Ella de tanto en tanto venía a verme.

A las doce horas del mediodía me llevaron a la sala de partos sin poder ver ni a mi marido ni a mi madre, que rápidamente había acudido al hospital. Yo tenía buena dilatación, todo parecía estar en orden, pero el parto se complicó. El bebé tenía varias vueltas de cordón umbilical por su cuello y al hacer yo fuerza quedaba sin latidos. Así me tuvo tres horas la obstetra por no llamar a mi doctor, hasta que un enfermero fue a por el ginecólogo. En la misma sala de partos donde me encontraba, toda ensangrentada, sudada y ya sin nada de fuerzas, el cirujano me informó de que no había tiempo de perder, que debía hacer una cesárea de suma urgencia, utilizando los fórceps para subir al bebé y poder operar. Yo aguanté despierta hasta que el médico dijo:

—¡Vive! Y es una niña.

Después perdí el conocimiento y hasta altas horas de la noche no volví a despertar. Cuando abrí mis ojos allí estaba mi bebé, con su cabecita toda deforme por tanto esfuerzo, pero en pocas horas recuperó su forma y estaba sana y bellísima. Lo que nunca se le fue a mi niña es la sensación de asfixia, que sigue teniendo cuando está en sitios cerrados muy pequeños.

Necesité dos donantes de sangre. Así y todo, tuve una pronta recuperación. La obstetra fue sancionada por sus superiores por su proceder y mi ginecólogo, al darme el alta hospitalaria, me dijo:

—Tienes suerte de poder contarlo, Marita. Has sido muy valiente.

Cuando regresamos a nuestro piso un gran ramo de flores nos esperaba sobre la diminuta mesa del comedor, con una hermosa tarjeta donde nos daban la enhorabuena mis padres. Juntos la leímos y nos pareció maravilloso estar con nuestra bebé en casa. Julio me arrimó una silla, me dejó sentada en ella con la niña en brazos y se fue a guardar el coche, que había dejado mal aparcado. A su regreso me encontró llorando.

—¿Qué le pasa a la niña? —preguntó asustado.

¡Nada! —le contesté entre llantos—. ¡Está bien! ¡Estamos bien! Es la emoción de estar en casa y vivas.

La cara de Julio se había desfigurado. Me miraba muy fijo mientras con sus manos se alisaba el cabello y con una voz subida de tono me contestó:

—¿Y por qué llorar así? Me has asustado.

Tal vez Julio tuviera razón, pero en ese momento necesitaba tanto un abrazo, una caricia…, pero él se quedó serio el resto del día, como enfadado.

Lo mismo sentí tantas veces en los años venideros, cuando la vida me dio tantos golpes y necesité un abrazo, su consuelo. Él estaba, siempre estuvo, pero mirando de lejos. Le aterraban los problemas emocionales y lo paralizaban hasta tal punto que en ocasiones se quedaba dormido.

Al año y nueve meses del nacimiento de Maribel nació Juan Manuel, muy bello mi niño. Sus pequeños ojos claros brillaban bajo una cortina de largas pestañas.

Julio y yo estábamos felices, teníamos la parejita, hermosos y sanos. La familia que tanto habíamos soñado.

Capítulo 9
Después de Malvinas, la democracia

Años 80-83

Mi hermano Martín, que era un niñito cuando yo me casé, pasaba mucho tiempo en mi casa jugando y disfrutando de sus sobrinos. Yo le consentía mucho, le hacía sus tortas de cumpleaños, le bordé su delantal y su bolsita de jardín de infante y en su primer día de clases lo acompañé a la escuela. Mis padres aprovechaban que el niño quedaba a mi cuidado para viajar, pudiendo así visitar en varias ocasiones la tierra natal de Mario y compartir nuevos momentos con su familia y su pueblo añorado.

Por esos tiempos mi papá ya había dividido las tareas. Mi hermano Mauro, ya casado, se encargó de la mueblería y Miguel, de los trabajos del campo. Mario administraba, reduciendo así su trabajo. Su salud no era la de antaño y prefirió aminorar la marcha.

Mi marido trabajaba mucho, pasaba todo el día fuera de casa. Yo trataba de ayudarlo en la economía del hogar. Durante esos años construimos nuestra casa, poquito a poco, con las dificultades propias de un país siempre en crisis y con una inflación que no daba tregua. Pero teníamos una gran ayuda y por ello Julio solía comentar:

—Qué suerte que tenemos a tu padre siempre cerca, dándonos una mano y un buen consejo.

Julio lo respetaba y admiraba mucho, pero no era lo mismo con mis amistades. Sus celos lo hacían ver fantasías que nada tenían que ver conmigo. Así dejé de relacionarme con mis amigas. Ni siquiera quedaba con Carmen, de la que había sido inseparable. Ella se fue retirando, sabiendo los problemas que causaba su presencia en mi matrimonio, y yo me acostumbré a la forma de ver la vida de mi marido. Me fui encerrando en mi propia soledad.

Mientras tanto, la inestabilidad política y económica del país seguía pasando factura. El presidente Videla fue reemplazado por Roberto Viola en el año 1981 y en el mismo año por Leonardo Galtieri. Todos fueron gobiernos militares. Y a pesar de la gran represión que había en el país, el pueblo empezó nuevamente a movilizarse. Los gobiernos de facto estaban en vertiginosa caída, debían desviar la atención popular con algo muy fuerte, y vaya si lo fue…

Despertamos la mañana del 2 de abril de 1982 con la música militar en los medios de comunicación y el periódico anunciaba en sus titulares: «Guerra en las islas Malvinas». El ejército argentino invadió las islas, ocupadas por el Reino Unido desde el siglo XIX. Nuestros jóvenes soldados, con tan solo dieciocho años (se había cambiado la edad del servicio militar obligatorio), dejaron sus vidas y familias enteras destruidas. Y todo porque el Gobierno necesitaba dar circo al pueblo, aun sabiendo que no estaba preparado para semejante enfrentamiento bélico. Logró durante el conflicto, a base de dar información errónea, una gran adhesión popular. Los titulares de la prensa elogiaban a los heroicos militares; mientras tanto, más de seiscientos muertos y tantos mutilados pasarían a nuestra triste historia. Cuánto dolor para nada. Aún hoy Argentina sigue reclamando los derechos de las islas Malvinas.

Recuerdo cómo mi padre y sus hermanos se agarraban la cabeza y nos decían:

—No podemos creer lo que está ocurriendo.

—El país no está preparado para esta guerra, y menos con Gran Bretaña.

Pero los comunicados del Gobierno nos daban como ganadores. Todos éramos orgullosos argentinos. Y cuánta razón tenían mi padre y sus hermanos.

El 17 de julio Galtieri renunció tras la derrota de la guerra. Asumió la presidencia Reynaldo Bignone, que en su primer discurso declaró su intención de llamar a elecciones. Y por fin, en las elecciones del año 1983, el pueblo le dio su voto de confianza a Raúl Alfonsín, de la Unión Cívica Radical. Terminaron así los años de golpes militares y se reafirmó la democracia hasta la actualidad. Esa democracia que a Dios gracias persiste…, de la que ya no participo estando lejos.

El tiempo va pasando en esta hermosa tierra malagueña que me enamoró un verano espléndido. Desde jovencita recuerdo cuando le comentaba a Carmen, después de escuchar cantar a Joan Manuel Serrat:

—Deseo vivir a orillas del Mediterráneo.

Ella reía en tanto comentaba:

—¡Qué cosas dices, Marita! Como si fuera fácil.

El sol en Málaga está siempre presente, la brisa que te acaricia te hace sentir que estás viva, pero son sentimientos encontrados: la tristeza que me causa estar separada de Fernando me lleva a seguir recordando las penas de antaño. Creí que podía dejarlas guardadas bajo llave al cerrar la puerta de mi casa para emprender el largo viaje. Eso fue lo que pensé el día que Rocío me encontró llorando en nuestra casa de Argentina, el día que armamos las maletas para viajar a Málaga.

—¿Por qué lloras, mamá? —me consolaba mi niña, acariciándome la cabeza mientras me decía—: Tienes que estar convencida de que es lo mejor, madre. Y reencontrarnos con mis hermanos. Los extraño mucho.

Y yo lo estaba. Era mi gran deseo volar, pero allí dejaba tantos recuerdos… Algunos buenos, allí crecieron mis niños y hubo momentos felices, pero también pasamos tanto dolor… Y dejaba al hombre que curó mis tristezas, con quien en los últimos tiempos había compartido momentos maravillosos a pesar de muchas adversidades, con la promesa de que muy pronto se reuniría con nosotras en Málaga. Y aquí sigo esperándolo…

Capítulo 10

La casa nueva y tanta tristeza

Transcurso del año 83 y año 84

Con la democracia, algunas cosas fueron cambiando en Argentina. Empezó a haber más libertad y menos enfrentamientos. Todo el país esperaba un milagro con el presidente Alfonsín; él tuvo la gran tarea de consolidar la democracia. En lo económico quedó como emblema la frase: «Con la democracia se come, se educa y se cura», pero en la economía del país no hubo tregua, la inflación fue imparable y crecieron la pobreza y la inestabilidad.

Nosotros, con los primeros pasos de la democracia, estrenamos la casa que construimos poco a poco, con mucho sacrificio. Aún faltaban detalles por terminar, pero pensamos en los niños, que podían disfrutar del hermoso patio para sus juegos. Qué ilusión el día que nos mudamos. El salón y la cocina de la casa superaban los metros cuadrados del pequeño piso donde vivimos cuatro hermosos años, con tres dormitorios, cuarto de baño, lavadero y amplias galerías, una de las cuales servía de cochera, todas demarcadas por grandes canteros que yo ya veía llenos de flores al abrir los ventanales. Guardábamos la esperanza de que la frase del presidente Alfonsín se hiciera realidad y en poco tiempo poder terminar lo que le faltaba a nuestra casa.

En ese año 83 murió mi abuela María y viajé con mis padres y mis dos niños a la ciudad que me vio nacer para estar sus tres últimos días con ella y, con una enorme tristeza, asistir a su funeral y a la despedida, sin saberlo, de la hermosa ciudad en que se había convertido Reconquista, allí donde de niña y adolescente pasé momentos inolvidables con mis abuelos, tíos y tantos primos.

Mi abuelo paterno había fallecido hacía ya unos años, con noventa y dos años. De Italia mandaron el casete de esos tiempos con la filmación de su funeral. El «nono» era un legendario de su pueblo por ser su alcalde durante muchos años. La banda del pueblo y toda su gente lo acompañaron en su último adiós. En Argentina compartimos todos juntos, en familia, la tristeza y la emoción de papá y sus hermanos al ver la filmación.

Lo que ninguno imaginábamos era que grandes tormentas se avecinaban a la familia, ese fatal día del verano del 84 que nos golpeó con todas sus fuerzas. Mis padres con mi hermano menor, Martín, y una familia amiga habían ido a pasar una semana a la casa del campo, donde gran parte de la semana habitaba mi hermano Miguel, que allí trabajaba. Mario quería aprovechar esos días para resolver algunos temas administrativos referentes a la venta del ganado que criaban mientras los demás disfrutaban del aire del campo, del sol y de alguna que otra cabalgata.

Era viernes al mediodía. Mis niños y yo estábamos en casa almorzando cuando tocaron a la puerta. Era Pablo, el esposo de la hermana mayor de Julio.

—¡Pasa, hombre! ¿Qué haces por acá?

—¡Hola, Marita! —Su cara no tenía buena expresión, se notaba que algo gordo se traía.

Nos dirigimos a la cocina, donde estaban comiendo mis niños, quienes alegremente saludaron a su tío. Pablo jugueteó un poco con ellos y luego su mirada se clavó en la mía. Supe entonces que algo no estaba bien.

—¿Qué pasó? —pregunté un tanto confundida.

—Me llamó tu marido por teléfono. Tu hermano Martín fue ingresado en el hospital infantil de Córdoba.

—¿Qué dices? Si estaba en el campo con mis padres. Y Julio estaba en su trabajo.

—Así es —respondió Pablo; se notaba mucho su incomodidad—. Julio me pidió que te llevara a casa de tus padres y que esperes a Mario, que debe de estar por llegar del campo con tu hermano Miguel.

Yo no entendía nada y me di cuenta de que no quería hablar.

Dejamos a los niños en la casa de Pablo, al cuidado de mi cuñada. Cuando quedamos solos en el coche, de camino a la casa de mis padres, yo lo acosé a preguntas que él fue evadiendo. Al llegar a la casa paterna y ver a mi hermano Marcelo, que lloraba desconsoladamente, mis piernas se fueron aflojando y a punto de caer grité:

—¿Qué pasó?

Me ayudaron a sentarme en el sillón. Cuando recuperé fuerzas les pedí que me dijeran, por favor, la verdad. Pablo entonces tomó la palabra:

—Martín ha tenido un accidente. Tu madre ha llamado a Julio y le ha dicho que están de camino en una ambulancia, que vaya al hospital infantil de Córdoba, que le queda cerca del trabajo, y espere por ellos.

Yo no podía pensar con claridad, no entendía lo que me decían.

—Pero… ¿está bien? ¿Qué le ha pasado?

—Se ha caído del caballo, Marita. —Pablo me agarró por los hombros y me miró a los ojos—. Se ha golpeado la cabeza: está inconsciente. —Y siguió relatando—: Don Ramón, el capataz del campo, lo levantó del suelo, lo cargó en su furgoneta y junto con Rosa lo llevó al hospital más cercano, el de la ciudad de Jesús María, pero allí, al ver la gravedad del niño, decidieron trasladarlo al hospital infantil.

Yo, desesperada, empecé a gritar:

—¡No! ¡Díganme que no se va a morir, por favor! Mi chiquito tiene once años, por Dios. Se tiene que poner bien…

Mi hermano Marcelo y yo nos abrazamos sin consuelo, mientras que Mauro estaba tieso, pálido y sin palabra. Pablo trató de calmarnos en tanto comentaba:

—Marita, tu padre está por llegar. Lo trae tu hermano Miguel. Ellos no se encontraban allí en el momento del accidente.

A la media hora llegaron papá y Miguel con las caras llorosas. Tenían solo la información de don Ramón hasta subirlo a la ambulancia. En pocos minutos la casa estaba llena de gente conocida; las noticias en un pueblo corren como la pólvora.

Ni siquiera recuerdo con quién fui ni cómo, pero de pronto estaba en la sala de espera de cuidados intensivos del hospital infantil de Córdoba, abrazada a mi madre. Ella, siempre muy rígida a pesar de estar desgarrada por dentro, relataba lo sucedido una y otra vez como si se tratara de una historia ajena, de una novela. Por un momento incluso pensé que tal vez Martín no estaba tan mal. Entonces me acerqué a mi marido, quien, pálido como un papel, nos miraba en silencio. Lo tomé del brazo y nos alejamos un poco de mi madre. En una de las esquinas de la sala, cerca de la puerta principal, le pregunté:

—¿Qué dijo el médico? Cuéntame todo por duro que sea, Julio.

Me pidió que me sentara en una de las sillas que allí estaban y comenzó hablar. Sus palabras sonaron como golpes en lo más profundo de mi alma.

—Tienes que ser fuerte por tus padres. —Y mientras se me nublaba la vista, Julio siguió diciendo—: Tu hermano se ha desnucado.

—¿Cómo? Pero ¿se pondrá bien?

—No, Marita, ¿no me has oído? Se ha desnucado. No se puede hacer nada, solo esperar.

—No, no, pero…, no.

No quería creerlo: mi niño, mi chiquito, se moría y no podíamos hacer nada.

De pronto escuchaba a mi madre mientras relataba lo que había sucedido. Martín montaba muy bien… ¿Qué le había pasado? Yo negaba una y otra vez con la cabeza mientras ella relataba cómo Martín, montado en su caballo, aguardaba al capataz frente a la puerta de su casa para salir a recorrer juntos el campo cuando el animal, sin una razón aparente, se puso sobre dos patas. Martín cayó, su cabeza contra el suelo… Mi madre lo había visto caer; no sabía decirnos qué era lo que había asustado al animal ni por qué. Intentaba encontrar un motivo, pero probablemente no lo había y, aunque ella contaba una y otra vez lo que había pasado, yo seguía negando con la cabeza. En aquel momento lo único que podía saber era que Martín, nuestro pequeño Martín, agonizaba inexorablemente.

Lo pude ver, inmóvil en una cama lleno de sondas, aparatos y monitores. Tenía respirador artificial y su piel al tocarlo era rígida. Solo tenía un pequeño raspón a un costado de su nariz; no se veía otro golpe, nada, pero se moría. Me tuvieron que sacar de allí. No quería dejarlo solo, pero en ese sitio no permitían estar. Me fui a la capilla del hospital con mi madre; le pedimos tanto a Dios por un milagro…

Pasaron tres interminables días…

El domingo por la noche mi marido y yo dejamos el hospital y regresamos a casa. Mi suegra estaba con los niños, pero ya no sabía qué hacer con ellos. Pedían por mamá, sobre todo Maribel, que si no estaba conmigo no paraba de llorar. Me acosté en mi cama con los niños, uno de cada lado, abrazándolos muy fuerte. Mientras, Julio se quedó trabajando en la mesa de la cocina, haciendo las planillas del pedido de mercadería que debía entregar urgentemente, el lunes a primera hora, en la empresa donde trabajaba.

A las cinco de la mañana un golpe fuerte en la puerta me alertó. Me levanté como una flecha. Julio aún no se había acostado, seguía enrollado en sus planillas. Era mi hermano Miguel. Al abrir la puerta nos abrazamos y lloramos hasta desgarrarnos. Martín había muerto.

Mi marido se quedó terminando su trabajo y se fue a Córdoba a entregarlo para luego reunirse con nosotros. Su madre quedó al cuidado de sus nietos y yo me fui con mi hermano a la casa paterna. Papá estaba en un sillón. Él, fuerte y luchador, parecía pequeñito y frágil. Lloraba en silencio y no emitía palabra. Con mamá nos abrazamos y lloramos un largo rato. Después se puso firme y no sé de dónde sacó las fuerzas para decir:

—Hay que organizar todo. El funeral será acá, en el salón de la casa.

Con un gran desconsuelo veíamos cómo los de la funeraria sacaban los muebles del comedor y lo preparaban todo para traer el féretro y las numerosas coronas florales que se recibieron con frases muy emotivas, cuya lectura nos desconsolaba aún más. Durante mucho tiempo en la casa quedó la impresión de ver el pequeño féretro, la gente y los niños llorosos, las coronas de flores y el olor a muerte.

Fue un entierro desgarrador; creo que la mitad del pueblo estaba acompañándonos en tanto dolor, con todos los niños de su escuela. Al paso del cortejo fúnebre, la gente lo saludaba con un pañuelo blanco. Aún hoy muchos de aquellos niños conservan la foto de mi hermano en su recámara, escritorio o lugar de trabajo. Nunca olvidaron ese triste momento de su niñez.

Ya nada fue igual en mi casa paterna. Donde siempre hubo tanta fiesta y alegría se instalaron la tristeza, el silencio, las caras llorosas. Poco a poco la vida fue volviendo a su curso, pero todo cambió para siempre. Y el destino no se conformaba.

Mis días eran muy largos. Visitaba a mis padres a diario, nos atormentábamos pensando en por qué y cómo salir de tanta tristeza. Yo me volví temeraria y obsesiva con el cuidado de mis hijos. Trataba de ocuparme lo más posible en quehaceres domésticos, en tanto que mi marido regresaba a casa cada día más tarde de su trabajo. Los niños a su llegada ya dormían. Yo lo esperaba para cenar, pero muchas veces terminaba comiendo sola. No teníamos teléfono en la casa, por lo cual no había comunicación durante todo el día.

Así mi cuerpo poco a poco iba acumulando una gran fatiga, que se hacía sentir en tantos dolores musculares.

CAPÍTULO 11
Con voz de robot

Años 85-89

Después del accidente de Marín, el único que regresó al campo fue mi hermano Miguel por mera necesidad de atender los quehaceres propios del lugar hasta que se vendieron todos los animales. Luego se alquiló la parcela con opción a compra con el consentimiento de mi tío, que era el mayor accionista.

Mi padre, al poco tiempo de la tragedia de mi hermano, comenzó con afonías prolongadas. En un principio se pensó que era algo sicosomático, pero al ser cada vez más persistente el médico de cabecera lo envió a un especialista de cabeza y cuello. El doctor, después de revisarlo, dijo:

—Señor Mario, debemos extraer material para hacer una biopsia.

Nos quedamos en silencio por unos segundos. El doctor trató de tranquilizarnos y de ser optimista.

Dos días después estábamos toda la familia en el hospital acompañando a Mario. Fue una cirugía rápida. Cuando el doctor salió del quirófano nos acercamos con mamá y nos dijo:

—Hay que esperar los resultados de la biopsia. En diez días hablamos. —El gesto de la cara del doctor me pareció de preocupación. Me quedé frente a él, esperando que me dijera algo más, mientras mi madre iba a por mis hermanos, que estaban en la otra sala esperando. El doctor puso su mano en mi hombro y respondió a mi mirada—: En diez días, señora. Por ahora tranquilice a la familia y, sobre todo, a su padre.

Supe por su silencio que algo no estaba bien. Aguanté el llanto hasta que llegué a casa. Fueron días interminables. Cuando llegó el momento, papá fue a por los resultados de la biopsia con mi madre y mi hermano Mauro. Al regresar del hospital pasaron primero por mi casa. Cuando yo abrí la puerta y vi a mi padre, su mirada lo decía todo. Me abrazó fuerte.

—Tengo cáncer de laringe —murmuró en mi oído. Hubo un largo silencio.

Fue otro golpe fuerte para todos. Él, que era el pilar de toda la familia. Pero supo demostrar su entereza y en pocos días recuperó su optimismo y nos hizo más llevaderas las circunstancias.

Mario ya no necesitaba trabajar, tenía todo bajo control, pero igual no paraba. Siempre estaba dispuesto para resolver algún problema que se presentara, por lo general para ayudar a todos sus hijos en lo que fuera. Eran muy gratificantes su atención y su consejo. En los siguientes días comenzó con sesiones de rayos diarias durante un mes, para luego someterse a una cirugía mayor. El día previsto fue ingresado en el hospital italiano de la ciudad de Córdoba. La cirugía duró varias horas y luego pasó a la sala de cuidados intensivos hasta el día siguiente, cuando lo llevaron a su habitación. El doctor, al salir del quirófano, comenzó diciendo:

—La cirugía ha salido bien, pero hemos tenido que extirpar las cuerdas vocales. Mario no volverá hablar y tendrá que respirar por la tráquea abierta el resto de sus días. Había metástasis; no puedo garantizar que alguna célula aislada no pueda darnos problemas en el futuro. Esperemos que todo vaya bien y se recupere pronto.

Estuvo varios días ingresado. La primera vez que la enfermera vino a aspirarle a papá la flema que se le acumulaba en su tráquea yo tuve que salir de la habitación. Sentí náuseas y tanto dolor al ver el sufrimiento de papá… En ese momento jamás hubiera pensado que al tiempo yo tendría que aspirarle la flema.

Días más tarde Mario, más recuperado, pudo volver a su casa. Qué silencio, qué tristeza. Nunca más escucharíamos su voz, ni sus gritos, ni su risa, ni lo bien que cantaba.

Cada vez que quería decirnos algo escribía en una pizarra y cuando estuvo recuperado de la operación hacía mímica y nos daba un golpecito en el antebrazo para que nos diéramos por aludidos. Intentábamos que él creyera que entendíamos, pero se daba cuenta de lo tontos que éramos y se enojaba, dando manotazos en el aire, a lo cual mi madre le decía:

—¡No me grites! —Quedábamos mirándola un poco despavoridos con lo que acababa de decir.

Al poco tiempo fue a una fonoaudióloga para aprender a hablar juntando aire y exhalándolo por la tráquea y así emitir algún sonido, pero era muy difícil y no pudo. Con sus ganas de salir adelante comenzó la búsqueda de cómo podía comunicarse. El doctor le comentó de un paciente que él había operado, pero este señor vivía en el vecino país de Paraguay. Usaba un aparato, como un micrófono pequeño, que emitía sonido distorsionado pero entendible. Mario ni lo pensó: viajó acompañado por mi madre y uno de sus hermanos al encuentro de este buen hombre.

Regresó de Paraguay eufórico y no esperó ni un momento para comunicarse con su familia de Italia para pedirles que se lo consiguieran, ya que era fabricado allí. En poco tiempo lo tenía consigo. Este pequeño artilugio electrónico, al apoyarlo en su cuello e intentar hablar, emitía un sonido un tanto metálico, pero se entendía perfectamente.

Y las vueltas del destino: quien le trajo el aparato desde Italia fue su antigua novia, la que quedó llorándolo en el puerto de Génova cuando Mario emigró. Ella venía con su marido a conocer Argentina y los hermanos de papá le pidieron el favor, cosa que a mi madre no le cayó muy en gracia.

Muy pronto se acostumbró a usarlo y a pesar de lo traumático que era ver su tráquea abierta, por donde respiraba, vivía contento.

Y mientras nosotros estábamos muy preocupados por la salud de Mario, la economía del país seguía dando tumbos. Hasta nos cambiaron la moneda, de peso a austral. Así y todo, la inflación llevó al pueblo a una extrema pobreza y comenzaron los saqueos a los comercios y actos de violencia.

Por aquellos años todos mis hermanos tenían sus propios hogares y niños. Era larga la mesa cuando los domingos nos juntábamos a comer la pasta que amasaba Rosa. Toda la familia unida, con lo que Mario disfrutaba mucho a pesar de sus problemas de salud. Él siempre ponía su cuota de alegría y optimismo. Acostumbró a sus nietos a que lo vieran con normalidad y jugaba mucho con ellos.

Durante la semana, todas las tardes papá esperaba en la acera a los niños que salían de la escuela para hablarles con su aparato con voz de robot. Al principio los pequeños se asustaban y salían corriendo, pero después se acercaban curiosos para escucharlo, hablar y jugar con él.

Pero su gran voluntad no fue suficiente. La enfermedad volvió al ataque, con dolores en su hombro izquierdo tan fuertes que a momentos empalidecía. Nuevamente el peregrinar por los hospitales entre médicos, estudios, largas esperas. Y otra vez escuchar al doctor:

—Hay que operar lo antes posible.

La noche anterior a que mi padre fuera ingresado nuevamente nos reunimos todos en la casa paterna, dándole fuerzas para el día siguiente.

Cuando regresamos a nuestro hogar y bajé del coche, al abrir la puerta de la casa, desesperada llamé a Julio:

—¡Entraron ladrones! ¡Está todo revuelto!

Habían roto una ventana de la parte trasera y puesto la casa patas arriba. El contenido de los cajones de los muebles estaba desparramado por los suelos y sobre las camas, la ropa por doquier, los zapatos y todo lo que no les había interesado. Se llevaron lo de mayor valor: el televisor, el vídeo, el centro musical, unas cadenas de oro y algo de dinero, pero lo peor fue la impresión que nos quedó al ver vulnerada la intimidad del hogar. Llamamos a la policía, tomaron datos, pero nunca supimos nada de ellos a pesar de que sus huellas digitales estaban grabadas en uno de los cristales rotos.

—Es un caso aislado —sentenció uno de los policías sin darle la menor importancia.

Y a la mañana siguiente, en el hospital, tener que poner la mejor cara, ni una palabra de lo que nos había ocurrido por la noche. Lo más importante era la cirugía de Mario, que fue larguísima y con mucha incertidumbre.

Al salir del quirófano el médico comentó:

—El tumor se había ramificado, estaba muy cerca de la médula ósea. Hemos hecho un injerto a la vena cava, que estaba muy comprometida. Fue un trabajo muy minucioso. Conociendo a Mario, sé que poco a poco se recuperará, pero…

Mi padre, bien parecido, fuerte y decidido, empezó a caminar lento; el poco pelo que le quedaba se tornó blanco; sus ojos azules ya no brillaban como antaño, habían perdido la picardía que lo delataban; su semblante empalideció, ya no tenía sus cachetes colorados como buen italiano tomando un buen vino. Empezamos a notar su deterioro, aunque la fortaleza de espíritu seguía latente. Allí estaba siempre para alentarnos, como cuándo se enteró del robo que habíamos sufrido y trató de hacernos ver que no era algo habitual en el pueblo.

—¡Ay, Marita! Tienes que quitarte ese miedo del cuerpo. A la adversidad hay que ponerle cara, hija mía. Esto no suele pasar en este pueblo tranquilo. Lamento que justo os haya tocado a vosotros.

—Tienes razón, padre. Me paso el día cerrando puertas y ventanas, pero es que me encuentro muy sola todo el día y al cuidado de los niños. Llevo muchas noches con pesadillas y con la sensación de que alguien camina por la casa. Y a mis hijos les está costando mucho reconciliar sus dulces sueños.

Para tranquilizarme un poco, cuando comenzaba a anochecer papá se daba una vueltita por mi casa y de paso se bebía un chupito, ya que Rosa se lo tenía sumamente prohibido.

—Papá, sabes que no puedes beber alcohol.

—Uno solito, es pequeñito —imploraba Mario con su voz de robot.

Y yo no podía con su cara mendigando, era para comérselo a besos. ¿Cómo negárselo?

Así, una tardecita, chupito en mano frente al televisor, yo le puse un cojín para que reclinara su espalda en el sofá. Vimos asumir a la presidencia a Carlos Saúl Menem, del Partido Peronista. Ese día comunicó que tomaría una postura neoliberal, muy diferente a la doctrina de su partido.

Papá sacó su aparatito del bolsillo de su camisa para poder hablar y disertamos sobre el tema. A los dos nos pareció una medida más acorde a los tiempos en que vivíamos. Era el año 1989.

CAPÍTULO 12
El nacimiento

Años 90-95

Al asumir la presidencia, Carlos Menem privatizó numerosas empresas estatales para obtener divisas y poder parar la altísima inflación que sufríamos, pero nada era suficiente. Al año siguiente, con el nombramiento de Domingo Cavallo como ministro de Economía, pudimos estabilizarnos con la ley de convertibilidad, donde un peso argentino equivalía a un dólar estadounidense. La estabilidad propulsó a inversores y al ingreso de capitales extranjeros. El pueblo fue mejorando económicamente, pero a cambio se fueron enajenando los recursos del país.

La década de los 90 fue para el país y su gente como una brisa fresca que invitaba a soñar. Eran tiempos de cambio, la tecnología avanzaba y la apertura de las importaciones abría las puertas al consumismo. La paridad de la moneda argentina con el dólar estadounidense nos dio a los argentinos la oportunidad de salir del país y conocer el mundo. Además, la facilidad que tuvo el pueblo de acceder al crédito hizo posibles los sueños estancados por tanto tiempo.

En lo personal llevábamos años muy turbulentos. Julio nos dedicaba muy poco de su tiempo; vivía para su trabajo y en sus momentos libres se dedicaba a solucionar contratiempos de su madre y sus hermanos. Yo podía entender que ayudara a su madre (es más, yo misma estaba atenta a sus necesidades), pero la obsesión de mi marido por resolver los problemas de su hermano, en su mayoría económicos, dificultaba mucho nuestra economía y entendimiento. Sumados a esto estaban sus ataques de celos. Julio me relacionó con amigos, primos y desconocidos, armándome historias de la nada. Yo iba a todos lados acompañada de mis niños y vivía con el temor de sus escándalos. Cuando se me acercaba algún conocido lo saludaba de lejos y agachaba la cabeza para evitar cualquier acercamiento.

Tratando de mejorar nuestra relación nos planteamos mudarnos a Córdoba, cerca de su trabajo. Así él pasaría menos tiempo viajando y al estar más juntos disiparía un poco sus temores. Nos propusimos empezar una nueva etapa y a raíz de ello Julio le trasladó ese deseo a su empresa y ellos se encargaron de gestionarle un crédito hipotecario para que pudiésemos comprarnos un piso. Sacando cuentas, si alquilábamos nuestra casa podíamos pagar la hipoteca sin que flaqueara nuestra economía. Además, Julio almorzaría en casa y reduciríamos los gastos de comidas y viajes.

Mi padre me acompañó a todas las inmobiliarias en busca de departamento. Fueron uno o dos meses que recordaré por siempre. Mario, con todos sus problemas de salud, pero con su voluntad inquebrantable, se acomodaba en mi coche junto a mis dos hijos, que estaban en época de vacaciones, y recorríamos todos los sitios que nos recomendaban o leíamos en los anuncios del periódico. Eran días muy calurosos; comprábamos bebida y algo para comer mientras descansábamos en alguna plaza o parque y comentábamos detalles de los pisos que veíamos. Nos reíamos mucho al recordar alguno que nos había resultado gracioso, como el día que fuimos a ver un piso que estaba habitado. El propietario nos lo mostraba muy entusiasmado y le dijo a mi padre:

—Pase, señor. Es uno de los cuartos de baño.

Mario al abrir la puerta se quedó de piedra. Detrás de la cortina verde trasparente que tapaba la bañera, la abuela de la casa se estaba duchando. Qué apuro. Cerró rápido la puerta muy avergonzado, pero con los gestos de su cara no podíamos contener la risa. Al fin, una semana después, dimos con el elegido, un piso amplio con tres dormitorios, gran sala, cocina con lavadero, cuarto de baño y balcón. Julio esa semana estaba en la ciudad de Buenos Aires con el dueño de la empresa por temas de trabajo. Ese día le comuniqué por teléfono que había encontrado el piso ideal, pero debía verlo él a su regreso. Finalmente, aprobó mi elección y lo compramos.

El siguiente paso fue buscar escuela para mis hijos. También el abuelo nos seguía acompañando y debía apurarme porque faltaban días para comenzar el año lectivo. No fue fácil, pero logramos ubicar a Juan Manuel en una escuela de primario y a Maribel en un instituto para comenzar su secundario.

Los primeros días de marzo nos mudamos a la ciudad de Córdoba. Nos costó desprendernos de nuestra casa, la que habíamos visto crecer poquito a poco, pero la dejamos alquilada y en buenas manos.

El día de la mudanza no fue de lo más grato. Yo estaba muy ilusionada y todo lo veía con buenos ojos, pero para Juan Manuel y Maribel era una pesadilla. Ellos no querían dejar el pueblo, su escuela, sus amigos…

—¡Oh, Dios mío! —exclamé mientras recogía del suelo la caja con el juego de té, regalo de mi abuela en nuestra boda—. ¡Tened más cuidado, hijos!

Pero mis niños todo lo hacían a desgana, no querían mudarse.

En el nuevo hogar nuestra vida matrimonial fue mejorando y, si bien los sábados y domingos volvíamos al pueblo y nos enrollábamos con miles de problemas, durante la semana la vida era más llevadera. Podíamos compartir el día a día con Julio, almorzar y cenar todos juntos y él ejercer el rol de padre, que mucho tiempo lo tuvo delegado por su trabajo y la distancia. Así que todas las mañanas acompañaba a Maribel hasta la puerta de la escuela, que le quedaba de paso, y teníamos largas charlas con nuestros hijos después de la cena. También pudimos disfrutar de unas placenteras vacaciones en las adorables playas brasileñas. Todo ayudaba al mejor funcionamiento de la vida hogareña y yo estaba más tranquila y relajada, cerca de mi marido, en un tercer piso y con mucho menos trabajo. Poco a poco se me fueron calmando un poco mis dolores musculares.

Pero un día comencé a sentirme mal y llamé al médico. En esos tiempos tenía un buen seguro y podía pedir la consulta a domicilio. El doctor me diagnosticó una gripe sin importancia. Como no mejoraba, a los días lo volví a llamar. Entonces me preguntó por la regla. En ese momento me di cuenta de que ya hacía más de un mes que no me venía.

—No hay riesgo de embarazo, doctor. Después de mi último parto tuve un problema en las trompas y no puedo quedarme encinta.

—Bueno, te voy a mandar a una bioquímica a que te haga una analítica.

Por la noche él mismo regresó a casa con el resultado. Se sentó al borde de mi cama y mirándome irónicamente me dijo:

—¡Marita, estás embarazada!

Todos quedamos en silencio, mirándolo perplejos.

—¿Qué dice, doctor? —respondí cuando logré reponerme—. ¿Después de catorce años?

—¡Así es, Marita! Estas cosas no tienen explicación, y menos en medicina.

Y del asombro pasamos a la emoción, la alegría y también al miedo de cómo empezar de nuevo con pañales, biberones y llantos.

A pesar de mis miedos, fue el mejor de los embarazos. Me rejuveneció un montón. Llevar una nueva vida en mi vientre era un regalo del cielo y cuando me hicieron la primera ecografía Maribel me acompañó. Ella miraba atentamente la pantalla del ecógrafo y le dijo muy efusiva al doctor:

—¡Es una nena!

—Efectivamente, tendrás una hermanita —respondió el médico.

Fue tanta la alegría… El embarazo iba muy bien y mi hija tendría una hermana con mucha diferencia de edad, pero con los años se acortan los tiempos. Y Juan Manuel se puso muy contento porque no iba a tener que compartir su cuarto.

Pero de la alegría del momento pasé a días de mucha preocupación. Después de veinticinco años trabajando en la misma empresa, habiendo recibido pocos meses antes una medalla de oro por sus servicios, Julio despertó una mañana y tuvo que escuchar a uno de sus compañeros que le decía por teléfono:

—Señor Julio, estamos en la puerta de la empresa y los guardias no nos dejan pasar.

—¿Qué ha pasado? No estoy al tanto. En un momento estoy allí —terminó diciendo y colgó el teléfono.

La empresa presentó concurso de acreedores y todos sus empleados fueron al paro. Para Julio ese día fue crucial. Recordó que a sus dieciséis años entró a trabajar allí como cadete y que en su segundo día de prueba, saliendo de uno de los portones de la empresa en la bicicleta de cadete, se llevó por delante a un señor mayor. Se disculpó con él muy correctamente, pero al día siguiente lo llamaron de la gerencia. Julio se quedó helado: el señor al que había atropellado con la bicicleta era el dueño fundador de la empresa. Pero a este señor le gustó tanto el proceder del joven que estiró uno de sus brazos y apoyó su mano en el hombro de Julio para decirle:

—¡Estás contratado, muchacho! Pero conduce con más cuidado.

Comenzaron así años de servicio incondicional, en los que fue avanzando de cargo poco a poco hasta llegar a la gerencia de su departamento de repuestos Ford.

En esos años el aparente éxito económico que vivíamos en el país favorecía al presidente Menem, al cual no le afectaron las innumerables denuncias de corrupción ni el atentado a la Embajada israelí y a su asociación mutual (AMIA), pudiendo modificar la Constitución después de seis años de gobierno para poder ser reelegido en el año 1995 por cuatro años más. Al poco tiempo de su segundo mandato se comenzó a ver el desplome que sufría la economía del país. La paridad peso-dólar no podía resistir mucho tiempo más y muchas grandes empresas se declararon insolventes (aun facturando muy bien), sacando sus dólares fuera del país y dejando a familias enteras en la calle, sin la protección de sindicatos ni del Gobierno. Hubo un efecto dominó: al cerrar las grandes empresas, las pymes que había fomentado el Gobierno empezaron a quebrar.

Julio cayó en una profunda depresión. No podía imaginarse fuera de los muros antiquísimos de su lugar de trabajo y el desapego de sus compañeros de toda una vida. Al mes lo llamaron de otra empresa del mismo sector, pero para él ya nada sería igual. Tuvimos que ajustar mucho nuestra economía a los nuevos cambios y yo con la panza, que crecía día a día.

Una fría tarde de invierno nació Rocío. Qué felicidad. Bellísima, sana y muy tranquila. Parecida a sus hermanos, salvo que ellos tenían los ojos bellos de su abuela paterna y Rocío, los ojos celestes de mi padre.

El abuelo vino al hospital a conocer a su nueva nieta. Cuando Mario entró a la habitación para ver a la niña yo lo vi tan desvalido que pedí a Julio que le acercara rápido una silla, pero él la rechazó con un gesto de la mano y se acercó a la cunita donde dormía la niña. En cuanto ella abrió los ojos, los del abuelo se llenaron de lágrimas:

—¿Habéis visto? Tiene mis ojos. La primera en toda la familia.

Cogió con sus manos extremadamente delgadas las de Rocío y, muy a mi pesar, me pareció que sus manos eran casi tan pequeñas como las de la niña. Supe entonces que debíamos prepararnos para escuchar un nuevo diagnóstico. Y sí, pocos días después fue intervenido y al salir del quirófano el doctor nos decía:

—El cáncer le ha tomado el esófago. Le colocamos una sonda por la nariz hasta el estómago para que lo puedan alimentar.

Todavía recuerdo cómo bromeaba, sentado en una silla de la cocina, mientras yo trataba torpemente de introducirle la papilla por la sonda de la nariz con una gran jeringa.

—Vamos, Marita, esa jeringa no es tan grande. —Y vaya si lo era.

En otra ocasión utilizó la jeringa para brindar. Fue en el festejo de los treinta y nueve años que llevaban de casados mis padres. Todos nos reíamos y los nietos mayores le decían:

—Abuelo, no te vayas a emborrachar.

Y entre gracias parecía feliz, pero en sus ojos se notaba la melancolía y era constante su demanda de mantener la familia unida.

CAPÍTULO 13
Tanto dolor

Años 96-97

Apenas Maribel y Juan Manuel terminaron el año escolar, comenzando las vacaciones de verano, nos trasladamos al pueblo, a la casa de mis padres. Así yo podía ayudar a mi madre a cuidar de papá, al que en muy poco tiempo el cáncer le había tomado la médula espinal. Le sacaron la sonda de la nariz, colocándosela directamente al estómago.

Ya inmóvil en su cama, yo tenía que aspirarle la tráquea por lo menos dos veces diarias para que no se ahogase y, a pesar de mi aprensión en sus comienzos, me resultaba familiar hacerlo. Los médicos prefirieron que se quedara en su casa esperando el final.

Pasó un mes en coma, acompañado por toda la familia y amigos, quienes no lo dejábamos ni por un momento solo. Días y noches pasamos sentados alrededor de su cama ortopédica, la que se armó en la habitación contigua para que mi madre pudiera descansar en la cama de ambos por las noches. Y al Cristo que colgaba en la cabecera de la cama le pedíamos por su descanso eterno. La tía Dorita, quien siempre nos acompañó en momentos difíciles, rezaba el rosario encomendando su alma. Viuda de un hermano de mi madre, quien había fallecido unos años antes, era una mujer alegre, que reconfortaba estar a su lado. Siempre estaba dispuesta a preparar un bizcocho y unos matecitos y contarnos algún cuento subido de tono para hacernos reír. Edgardo, el gran amigo de papá de tantos años, trajo al cura de la parroquia para darle la extremaunción. Era un hombre sumamente católico, quien durante años todos los domingos después de misa pasaba por mi casa paterna a tomar un aperitivo con mi padre. En la familia no éramos muy devotos por la religión, pero en esos momentos todos nos acordábamos de rezar por el alma de nuestro padre.

Y así, una cálida noche de enero, rodeado de toda la familia, nos dejó para siempre… En un silencio profundo su corazón dejó de latir, dejando un abismo muy grande en el seno familiar. Ni lágrimas teníamos de tanto llorarlo.

Mi marido y yo nos quedamos un mes más en el pueblo, acompañando a mi madre en su soledad, y regresamos a nuestro departamento en la ciudad para el comienzo del año escolar de nuestros hijos. Pero la vida dio otro giro. La nueva empresa donde trabajaba Julio lo trasladó al interior de la provincia. Otra vez viajar y pasar el día fuera de casa.

Un sábado que llovía intensamente decidimos quedarnos en el piso y no ir al pueblo como hacíamos todos los fines de semana. Yo miraba por el ventanal cómo caía con fuerza la lluvia. Julio me hablaba y yo, aturdida por el ruido, absorta en mis pensamientos y fascinada por el recorrido que hacía el agua al caer con fuerza por el tejado del piso vecino, no lo escuchaba. Hasta que se acercó y me dijo:

—Marita, te estaba diciendo…

—Mira, Julio, qué bella es la lluvia. Recordaba cuando era niña y nos sorprendió un aguacero en Buenos Aires con mi padre. Qué manera de reír los dos mojados, buscando donde resguardarnos.

—Te decía —insistió Julio— que, pensándolo bien, ya no es conveniente seguir viviendo aquí, en la ciudad.

Me quedé mirándolo, no entendía nada. Hasta que por fin reaccioné:

—¿Pero qué dices? Si aquí estamos bien. Yo me siento más segura en este piso y tengo menos trabajo para mis dolores musculares. Además, nuestros hijos, la escuela… No lo sé. ¿De verdad quieres regresar al pueblo?

—Lo he hablado con Juan Manuel y Maribel, ellos también lo prefieren. Estos tres meses que estuvimos acompañando a tus padres fueron para ellos y para mí una prueba de que queremos regresar a nuestro pueblo, a nuestra casa.

Oportunamente, nuestra casa se había desalquilado.

Me di la vuelta y seguí mirando la lluvia por el ventanal. Pensé en el pueblo, donde al arremolinarse la tierra de la calle el ambiente se vuelve gris, y en el polvo que se colaba por las rendijas de las ventanas, que hacía de mi trabajo diario un sin parar con la limpieza de la casa. Nuevamente la soledad y los problemas de celos.

Cuando volví mi cabeza hacia Julio, ya no estaba. Me dirigí hacia los dormitorios y allí, en el cuarto de Maribel, los tres imploraban con sus miradas mientras Rocío se prendía a mis pantalones pidiendo que la cargase. En ese momento pensé en ella y la vi correteando en el jardín de nuestra casa. Recién comenzaba a dar sus primeros pasos.

Me sentí un tanto egoísta, pensando solo en mí, y llegó a mi mente mi madre. Qué sola se había quedado. Un trueno hizo que temblaran los cristales y que yo bajara de mis pensamientos. Mirando las caritas de mis hijos y la de Julio respondí:

—Está bien. Si ya lo tienen decidido, volvemos a nuestra casa.

Y así pusimos en alquiler el piso y regresamos a nuestro pueblo. Pasaron dos meses. Un día cualquiera, uno de tantos, Julio llegó de su trabajo, entró a la cocina, donde yo estaba preparando la cena, y me dijo:

—¡Marita, tócame aquí, en el cuello! Tengo un ganglio. Me molesta un poco la garganta.

Bajé el cuello de su camisa y con mis dedos toqué el ganglio. Note así que era más grande de lo habitual. Sin embargo, pasaron los días y Julio no tenía molestias, pero el ganglio siguió creciendo. Le concreté una cita con un otorrinolaringólogo. Cuando el doctor lo examinó no encontró nada a la vista, salvo que dos muelas estaban en muy mal estado, y le sugirió ir al odontólogo a pesar de que no tuviera dolor. Así lo hicimos. El dentista del pueblo le extrajo las muelas, pero nos recomendó:

—Es preferible que saquen una cita con el médico de cabeza y cuello. El mismo que atendió a tu padre si es posible, Marita.

Nos quedamos muy sorprendidos y no tardé nada en pedir una cita con el doctor a pesar de que no estaba dentro de nuestra cartilla médica.

Cuando llegó el día de la cita el doctor nos estaba esperando en la consulta. No era el que atendió a mi padre, pero sí de su equipo, un joven alto casi como la puerta, corpulento y con su delantal blanco hasta las rodillas. El consultorio era amplio, pulcro y muy iluminado por un gran ventanal, debajo del cual el doctor ofreció a Julio sentarse en un banquillo frente a él y allí le examinó la garganta, le palpó el cuello con sus manos y muy serio dijo:

—Tengo que hacerte una fibroscopia traqueal ya.

Fue un momento muy confuso. Yo apenas había podido reaccionar cuando el doctor ya estaba introduciéndole el catéter por las fosas nasales y Julio sufriendo arcadas. En cuestión de segundos estaba vomitando. Cuando se estabilizó fue apareciendo la imagen de la laringe de Julio en la pequeña pantalla. En un punto fijo se detuvo; fue un silencio abismal, ninguno de los dos nos animamos a preguntar nada hasta que el doctor dijo:

—Fijaos, acá está el problema. —Las gotas de sudor corrían por la frente de mi marido y mis manos sudorosas no podían auxiliarlo. El doctor nos indicó que tomáramos asiento frente a su escritorio y sus palabras sonaron como una maldición—: Hay un tumor en la glotis. Hay que hacer una biopsia. —Otra vez esa palabra retumbando en mis oídos.

—¿Qué dice, doctor? No puede ser cierto. —Mi voz sonaba como la de una niña asustada.

Julio sacó todas sus fuerzas y respondió:

—Cuando lo disponga, doctor.

—Mañana mismo. De la misma manera que hoy te examiné, pero te extraigo un pequeño material y lo mandamos analizar. Es doloroso, pero es más rápido y simple. Te evitas una intervención y vamos ganando tiempo.

Julio salió de la consulta y se dirigió al servicio y yo me quedé con la secretaria, quien al notar mi palidez me arrimó una silla y me alcanzó un vaso con agua. Sentí que todo me daba vueltas. Contuve mis lágrimas para que Julio no me viera llorando cuando saliera del servicio, donde se demoró más de lo habitual. Él también necesitaba recuperarse de semejante trance.

Al salir del hospital caminamos a la par sin decir palabra alguna. Ya se asomaba la primavera en todas sus fases, así el aroma en el aire lo anunciaba, pero la mañana estaba fría, o es que así yo lo sentía por el frío que me corría por todo el cuerpo. Nuestros ojos buscaban un punto fijo en el horizonte; ninguno de los dos nos animábamos a mirarnos mientras caminábamos hasta llegar al coche. Julio sacó la llave de su bolsillo, pero no podía ponerla en la cerradura, sus manos le temblaban. Fue cuando me acerqué y nuestras miradas se enfrentaron. Los dos estábamos conteniendo el llanto, que afloró con un abrazo, y él en susurros me pidió:

—Ni una palabra a mi madre de lo que me está pasando.

No lo contradije. Le acaricié la cara y sequé sus lágrimas con mis manos. Más tranquilos comenzamos hablar.

Fueron diez días de incertidumbre. Lloré en el hombro de mis hermanos Marcelo y Miguel, quienes trataban de consolarme de cualquier manera. Mi madre, que hacía días que estaba de viaje, llegó un día antes de que nos dieran el resultado de la biopsia. Julio trataba de estar tranquilo, al menos en apariencia. No quería conmocionar a toda la familia.

El hermano de Julio nos acompañó el día previsto; entramos a la consulta y el doctor sacó la analítica y la palabra «cáncer» hizo eco en nuestros oídos.

—Hay una metástasis en la glotis y se ha expandido a la zona de ganglios. Es urgente comenzar con quimioterapia y rayos.

Cuando llegamos a nuestra casa nos estaban esperando mi suegra, mi madre y nuestros hijos. Todo fue llanto, dolor y confusión. Ya no había manera de ocultar nada.

La doctora jefe en radioterapia era una mujer dedicada enteramente a su profesión con un carácter duro, estricta y sin rodeos, acostumbrada a convivir con el dolor ajeno a diario. Fue clara y concisa:

—Julio, comenzaremos con quimioterapia para desinflamar de forma urgente este ganglio —que en esos días había crecido notoriamente—. Serán sesiones diarias ambulatorias durante una semana. Luego pasarás a radioterapia. Viendo tu buen estado —pesaba en ese momento ochenta y nueve kilos—, podemos aplicar un tratamiento muy ofensivo, a dos sesiones diarias, una por la mañana y otra por la tarde. El desmejoramiento físico será muy notorio en pocos días, pero no debes asustarte, es parte del tratamiento. Una vez finalizado los dos meses de tratamiento, te recuperaras. Mientras tanto, pondremos lo mejor de cada uno para ir superando etapas. Acá, en este centro, se te va ayudar en todo lo que necesites, pero no puedes faltar nunca aunque te sientas fatal.

Siguió explicando cómo serían las drogas a usar, los rayos y por qué muchas veces esta enfermedad suele venir después de una fuerte depresión, cuando el organismo baja sus defensas.

Se nos presentaba otro problema: el económico. Julio tuvo que darse de baja médica en su trabajo por tiempo indefinido, reduciendo su sueldo a la mitad y sin comisiones. Y en el crucial momento en que nos encontrábamos justamente la cobertura de la obra social que le correspondía a Julio por su trabajo era muy austera. Por eso, un día me presenté ante el director de la obra social y le expliqué nuestra situación.

—Es lo que hay, señora. —Pero fue tanto el dolor que salía de mis palabras que terminó consolándome y me tranquilizó diciendo—: Haré todo lo que esté a mi alcance, le prometo ayudarla. Encontraremos alguna solución.

Y cumplió.

Era más el tiempo que nos pasábamos viajando del pueblo a la ciudad de Córdoba que los minutos que duraban las sesiones de rayos. El carácter de Julio día a día se ponía más áspero, ya no se aguantaba ni él mismo. Sufría mucho, y yo por él. Había días que necesitaba muchísimo el calor de mi madre, pero ella no quería escuchar hablar de dolor. Cuando me veía flaquear me decía duramente:

—¡Yo ya lo pasé!

Y yo, entendiendo su dolor, frente a ella me guardaba el mío. Solo habían pasado siete meses de la muerte de mi padre. Claro que mi madre me tendía una mano con los quehaceres de la casa y muchas veces con la comida y el cuidado de Rocío. Por otro lado, mi suegra se engañaba a sí misma: venía a casa muy arreglada para que el hijo la viera muy bien y se negaba a creer lo que estábamos viviendo. Y nuestros hijos… trataban de ayudar en lo que podían y compartir mis silencios para no enfadar más al padre, cuidaban de su hermana pequeña, mimándola y malcriándola, y asistían a la escuela, aunque se les hacía difícil concentrarse.

Julio llevaba un mes de tratamiento y su estado físico ya era lamentable: bajó mucho de peso, tenía muy pocas fuerzas y mucho dolor al tragar. Los ahogos eran constantes y en su rostro sufría quemaduras de primer grado. Una mañana, mientras ayudaba a Julio a vestirse para ir a su sesión de rayos, se desvaneció. En ese momento llegaba su hermano a casa y entre los dos lo cargamos en el coche y lo llevamos al centro oncológico. Al poco rato volvió en sí. Cuando llegamos lo esperaba la doctora y, viendo que estaba totalmente deshidratado, lo dejó ingresado.

Yo a diario debía ir hasta la sede de la obra social para que me dieran el suero, los antibióticos y las drogas. Un día llegué allí y los trabajadores estaban de asamblea por paro sindical, las rejas cerradas, muchos policías y algunos trabajadores en la parte interior. Me colgué a las rejas que cubrían la entrada del edificio y a gritos pedí por la medicina de Julio. Los policías intentaron sacarme del sitio, pero yo no me desprendía de las rejas mientras seguía gritando:

—¡Por favor, no juguéis con las vidas ajenas!

Así logré que la secretaria que a diario me daba la caja con todos los medicamentos me los alcanzara, lo cual le agradecí infinitamente, y salí del sitio llorando de impotencia.

En otra de mis salidas a por sus medicamentos era el día de San Valentín y había muchos floristas por el centro de la ciudad. Me apeteció comprar una flor y llevársela a mi marido. Al entregársela le dije:

—Por el amor y por tu recuperación.

Al día siguiente le daban el alta, pero Julio, que tenía los nervios a flor de piel, me tiró la flor y me dijo:

—¡A la mierda con todo!

Justo en ese momento entraba la doctora y muy subida de tono le reprendió:

—¿Sabes tú cuántos enfermos querrían que los acompañen como a ti? ¿Cómo desearían un gesto de cariño? Yo he visto el desvelo de tu mujer y la compañía de toda la familia. Tienes mucho que agradecer y por lo que sacar fuerzas para salir adelante.

Era verdad, la familia a pleno nos acompañaba. Desde ese episodio, Julio bajó la guardia y se fue tranquilizando. Le dieron el alta, comenzó a sentirse un poco mejor y en pocos días terminó con la radioterapia, pesando cincuenta y ocho kilos, con resultados muy positivos, según los estudios realizados.

Una vez que Julio recuperó sus fuerzas fue a cirugía. Le extirparon la glotis, la cadena de ganglios del lado izquierdo y las glándulas salivales. Así, su boca quedó muy pastosa por tener poca saliva, con dificultades al tragar, y le cambió el tono de su voz.

—Julio, con el tiempo aprenderás a controlar tu garganta y podrás comer y hacer tu vida normalmente —le comentó el médico a los pocos días de operado. Y así fue… lentamente.

Cuando Julio estuvo recuperado como para comenzar a trabajar tuvo la gran alegría de que la empresa por la cual él dio sus desvelos y sus lágrimas por tantos años reabría sus puertas y lo llamaron a ocupar su antiguo puesto, respetándole sus años de antigüedad y su cargo. Volver a su trabajo y reencontrarse con algunos compañeros de antaño ayudó mucho a la pronta recuperación anímica de Julio.

Capítulo 14
El viaje

Años 98-99

Mi padre siempre nos había dicho que cuando se vendiera el campo nos daría a cada hijo en partes iguales, como herencia, el dinero de la venta para que viajáramos todos a conocer su tierra natal. No pudo ver concretado su sueño (el campo se vendió poco tiempo después de su fallecimiento), pero mi madre respetó su deseo.

Pensando en el anhelo de mi padre y en que Julio ya llevaba un año trabajando y su salud había repuntado muy bien, una mañana de domingo le propuse a mi marido que viajáramos a Italia con nuestros hijos.

—Quiero conocer ese pueblo que tanto amó mi padre, Julio.

En un principio mi marido no se mostró muy convencido, anteponía sus miedos. Entonces yo me puse en contacto con mis tíos de Italia y ellos me alentaron, muy felices, y entre todos logramos persuadir a Julio.

—Está bien, Marita. Haremos ese viaje que tanto te ilusiona.

Nos entusiasmamos muchísimo con todos los preparativos. «Madre, ¿podemos llevar esto o aquello?», me preguntaban nuestros hijos mientras preparábamos las maletas con más pantalones, más vestidos. Querían llevarlo todo. Y Rocío, que cargaba con sus peluches.

El viaje fue largo y agotador, de un aeropuerto a otro cargados de maletas, con muchas horas de vuelo, pero también con tantas ilusiones. En el aeropuerto de Milán nos esperaban los dos hermanos menores de mi padre con sus esposas y una de sus hermanas con su marido. Tres coches, toda una comitiva, para desplazarnos hasta su pueblo. Hasta que por fin llegamos. ¡El pueblo de mi padre! Ese pueblito llamado Villa di Chiavenna, de casonas viejas, algunas con tantos años como el descubrimiento de América, con sus paredes muy anchas de piedra y tejados de lajas preparados para las grandes nevadas; todas rodeando la imponente torre de la iglesia, que domina el paisaje. Y subiendo la mirada, sus verdes praderas con sus casitas a lo alto, como sacadas del cuento de Heidi, y el abrazo imponente de los Alpes con sus picos nevados todo el año. Frente a la iglesia, la casona de los abuelos, que aún conserva la familia.

Subimos las escaleras empedradas y en el piso superior, al abrir la puerta, estaba toda la familia alrededor de una larga mesa cubierta con un mantel color marfil, bordado de antaño; el fiambre, el queso y el vino esperaban en la mesa y de la cocina llegaba el olor a pasta casera.

Qué jaleo. Todos para saludarnos, algunos conocidos y tantos por conocer. Una de mis tías, la que aún vive en la casa paterna, nos llevó al dormitorio, donde dejamos las maletas.

—*Guarda*, Marita!

Señalaba la cunita de madera rústica en la cual mi abuela acunó a sus once hijos. Al tocarla se me escaparon unas silenciosas y tibias lágrimas.

A la mañana siguiente, el repique de las campanas marcaba las horas mientras caminaba con Julio y los niños por las calles de adobe muy estrechas. Era verano y bebimos de sus fuentes el agua fresca que corre permanentemente del deshielo. Rocío jugaba con mis tíos, mojándolos con el agua muy fría, y no paraba de reír. Nos embriagamos del perfume de las flores que cuelgan de los balcones y el aroma del castaño. Y mientras recorríamos las callejuelas, mis tíos comentaban a sus vecinos:

—*Questa é la figlia di mio fratello* Mario.

Tanto mis tíos como mis primos se organizaron para llevarnos a conocer distintos sitios, como Suiza, que hace frontera con el pueblo. Nos mostraron donde mi padre de niño cuidaba de las cabras y el sendero por el cual cruzaba las fronteras. Allí nos detuvimos, escalamos un trecho de la montaña y sentados en unas piedras merendamos pan con chocolate mientras les contaba a los tíos algunas de las historias que contaba Mario de su adolescencia y ellos nos relataron sus propias aventuras en los fríos inviernos.

Grabados en nuestras retinas quedaron el Duomo de Milán, la galería de Vittorio Emanuele y los encantos de esa gran ciudad. Recorrimos el lago de Como, con esa belleza incomparable de pueblecitos que ganan terreno entre el agua y la montaña y sus imponentes mansiones; el balcón de Romeo y Julieta de la clásica obra de Shakespeare, en la ciudad de Verona; y la romántica Venecia, que te enamora. Fotos y más fotos, risas y emociones y el entendernos a media lengua por el idioma, pero con tanto afecto. Así comprendí la añoranza de Mario por su tierra y su gente.

Y llegó el día de la despedida, con los ojos llorosos y con el interrogante: ¿volveremos algún día? La familia nos acompañó a tomar el tren a la estación de Milán, en el cual recorrimos la costa mediterránea hasta llegar a Barcelona. No podíamos apartar la mirada de las ventanillas del convoy, desde donde apreciábamos tanta belleza. Y de allí, a Madrid. Un viejo amigo argentino que había emigrado en épocas del proceso militar nos esperaba. Él se encargó de pasearnos por la bellísima ciudad de Madrid, la encantadora Segovia y la increíble ciudad amurallada de Ávila, dejándonos fascinados en todos los recorridos y felices ante el maravilloso viaje que compartimos en familia.

Nos pareció despertar de un sueño al llegar a nuestra casa. Julio se trajo cuatro kilos más, un semblante más saludable y su carácter más apacible. La vida volvía a su curso, pero más felices…

Mientras tanto, el país se preparaba para elecciones. El menemismo iba a cumplir diez años de mandato. Finalizando el año 99, Fernando de la Rúa, de la Unión Cívica Radical, ganó las elecciones, quedando como refrán una frase que repetía en su campaña electoral: «Dicen que soy aburrido», porque supuestamente él daría fin a la jarana del presidente Carlos Menem, que era muy fiestero.

Capítulo 15
El corralito

Años 2000-2001

Y llegó el año 2000. Cambio de siglo, fiesta, ilusiones y deseos, como si en un instante se pudiera girar el mundo. Comenzamos con un atraso en el cobro del salario de Julio hasta que la empresa, su querida empresa, cerró sus puertas definitivamente, presentando la quiebra. La fuga de grandes capitales fue masiva, sacar los dólares del país era el mayor propósito. Ya no quedaba nada.

Julio se agarraba la cabeza mientras me decía:

—Y ahora, Marita, ¿dónde consigo yo otro trabajo, a mi edad y con semejante carpeta médica? —Y sus ojos se llenaron de lágrimas.

La respuesta no tardó en llegar. Mi hermano Miguel acababa de divorciase y muy apenado nos contó que cerraba la tienda de comida para animales y accesorios para mascotas que llevaba con su exmujer. Entonces se nos ocurrió que nosotros podíamos reabrirla y darle un nuevo aspecto contando con el asesoramiento de mi hermano. Gracias a este emprendimiento, por un tiempo volvieron la tranquilidad y el optimismo, pero duraron poco.

Julio empezó a tener cambios muy bruscos de humor, de estar muy contento y feliz a cabrearse de una manera irracional. A él, que siempre cuidó de su buena educación y actitud en público, ya le importaban muy poco las apariencias. Las discusiones y malos entendidos con los clientes empezaron a ser algo habitual y el fastidio que le provocaba el trato amable que yo tenía para con ellos traía también como consecuencia sus ataques de celos. Comenzó a preocuparme sobremanera.

Un mañana estaba sola atendiendo la tienda y con varios clientes en espera. Me preocupaba la tardanza de Julio, que no regresaba del banco, adonde había ido por dinero. Cuando por fin lo vi bajar del coche, al entrar a la tienda no pude más que exclamar:

—Pero ¿qué te ha pasado?

Tenía la cara golpeada y un ojo morado. Estaba fuera de sí en tanto comentaba:

—Un imbécil que no dejaba de pitar y me ha cabreado. Hay movilizaciones en todos los bancos.

—Cálmate, Julio, hay gente —le imploré.

Él, haciendo caso omiso, siguió gritando:

—¡Mujer! Hoy tengo que pagar a los proveedores y voy al banco y resulta que no puedo sacar mi dinero. ¿Pero de qué va esto?

Los clientes, espantados por sus gritos, se fueron retirando.

—Esto es el corralito —le respondió uno de ellos—. La nueva medida de nuestro ministro de Economía. Desde hoy no podemos retirar dinero en efectivo de los bancos y de los cajeros automáticos. Solo podemos sacar un montante muy bajo, que no alcanza ni para comprar el pan, literalmente.

El señor siguió protestando, moviendo su cabeza y agitando uno de sus brazos mientras se retiraba de la tienda al igual que Julio, que, montado en ira, salía dejándome preocupadísima.

El Gobierno quería así evitar la salida masiva de dinero del sistema bancario. La gente solo pensaba en comprar dólares, ya que se veía venir el fin de la convertibilidad de la moneda (la igualdad del valor del peso al dólar). Y así, por causa del corralito bancario, el país por varios días se convirtió en un caos socioeconómico, provocando el alzamiento de toda la población sin distinción de clase social. El 20 de diciembre de 2001 los ciudadanos se autoconvocaron en distintos puntos del país, golpeando cacerolas y pidiendo la dimisión del presidente. La situación se desbordó, con el saldo de numerosos muertos y heridos. El llamado «cacerolazo» finalizó con la huida del presidente De la Rúa de la Casa Rosada en helicóptero, después de haber presentado su dimisión.

Le sucedieron cuatro presidentes en menos de un mes. El último, Eduardo Duhalde, expresó su temor a una guerra civil y advirtió de que el país estaba quebrado social y económicamente. Anunció un Gobierno de unidad nacional y dio fin a la ley de convertibilidad. Comenzaron entonces la carrera desenfrenada del peso-dólar y la emigración masiva de argentinos por el mundo.

Una mañana que Julio fue a entregar un pedido se acercó a la tienda mi hermano Mauro. Hacía varios días que no lo veía.

—¿Cómo estás, hermana?

—Acá, trabajando un poco. La situación cada vez se nos pone más difícil.

—Dímelo a mí. ¿Cómo está Julio?

—Bueno, cada día más nervioso.

—¿También quién no se altera con lo que está pasando?

—¡Pues claro! —Evité aclarar cuál era realmente mi preocupación.

—Yo no puedo esperar más. Me voy del país.

—¿Qué dices, Mauro? Con la empresa que tienes.

—Justamente para poder salvar algo. Conseguí trabajo en Europa para toda mi familia. Trabajaremos duro para enviar euros y cubrir las cuentas bancarias antes de que me saquen todo. Será por un tiempo.

—No sabía de la gravedad de tu situación económica, hermano. Últimamente no estás muy comunicativo con la familia.

—Es verdad… Pero es más grave la situación del país, Marita. El dinero incautado y otra vez correr tras el dólar. ¿Has oído los comentarios del aeropuerto Ezeiza? Está abarrotado de gente que despide a sus seres queridos.

—Sí, hermano, lo escuché y lo veo en los noticieros. Y también sé que emigran dos de nuestros primos con sus familias a Italia. Nuestro tío está muy apenado.

—Es que no nos queda otra, esto es asfixiante. Espero poder regresar pronto y festejar la apertura de un nuevo país, hermana.

—Eso espero, Mauro, por el bien de todos.

—Bueno, pero tú y Julio estaréis bien. Con esto vais tirando.

—Sí, todo bien. —Y me quedé pensando: «Todo bien…» mientras saludaba a una clienta que acababa de entrar—. ¡Buenos días, señora! ¿Qué le ofrezco?

—Te dejo trabajar, Marita.

Y se fue dándome una palmadita en el hombro en tanto la señora, muy alegre, comentaba:

—Qué bonito quedó este negocio. Hace mucho que no venía. Esta pared pintada de celeste y con formas de olas de fondo a las peceras está bellísima.

Y yo me transporté a una playa, junto a las gaviotas, viendo las olas del mar.

Así como había días de calma, otros eran la tempestad. Una noche tuve que salir de casa corriendo con Rocío en brazos porque la furia de Julio estaba descontrolada. Cada vez sus ataques eran más frecuentes. No sé en qué momento ni qué palabra lo alteró de tal modo que cogió algo que estaba sobre la mesa y lo estampó contra una puerta, dejándole un buen boquete. Luego se acercó a mí y me dio una bofetada. Juan Manuel trataba de mediar con su padre, pero no lograba ni que lo escuchara. Maribel no se encontraba en casa, ella nunca presenció las grandes rabietas de su padre. No sé si él esperaba su ausencia o era casualidad.

Llegué llorando a la casa de mi hermano Marcelo, quien no podía creer lo que le estaba contando y decidió ir a ver a Julio, pero terminaron en una fuerte discusión y regresó atónito.

—Hermana, nunca he visto a tu marido así. Me dio mucho miedo. Decidimos con tu hijo dejarlo solo, a ver si se le pasa el enfado.

—¡Ay, tío! —dijo Juan Manuel—. Hace un tiempo que se descontrola totalmente y su rostro se desfigura.

—Ya pedí una cita con un psiquiatra —comenté—, pero ¿cómo se lo digo? Tengo que esperar el momento justo.

Me fui con Rocío unos días a la casa de mi madre, esperando que se calmasen los ánimos de Julio. El domingo él vino por nosotras, pidiéndome perdón y más perdón porque en su arrebato me había denunciado ante la policía por abandono de hogar. Regresé a nuestra casa pensando en mis hijos mayores. No quería dejarlos solos.

Una tarde, en el jardín de casa tomando unos mates y aprovechando el buen humor de Julio, me animé a decirle que tenía una cita con un psiquiatra. Me quedé de piedra cuando me respondió muy sereno:

—Sí, Marita. ¿Cuándo y dónde es la cita?

Y allí fue. El psiquiatra lo medicó y le puso en contacto con una psicóloga que hacía terapias en grupos y comenzó su tratamiento.

CAPÍTULO 16
Entre calmas y tormentos

Años 2002-2003

Con el tratamiento en marcha, Julio se fue tranquilizando y nos dio un respiro en el ambiente familiar. Empezamos a tener un poco de calma en esa primavera, que ya se despedía con la llegada de los cálidos y húmedos días de verano. Yo notaba hacía días a Juan Manuel un tanto inquieto, como si algo le diera vueltas en su cabeza. Se lo comenté a Julio y me confirmó que él también lo había notado. Así, una mañana que estábamos en la tienda nuestro hijo se nos plantó delante y, considerando que no había gente y que la tranquilidad reinaba esos días, soltó la frase que me partió el corazón:

—Padres, me voy a probar suerte en la vieja tierra del abuelo y a perfeccionar el idioma. —Hacía pocos meses que Juan Manuel se había recibido de profesor de italiano.

No podía creer lo que estaba escuchando. Mi hijo se iba muy lejos. ¿Cómo entenderlo? Pero poco a poco saqué conclusiones: nuestro hijo quería escapar de lo que en los últimos tiempos se vivía en casa. No pasó ni un mes y ya estábamos en el aeropuerto de Córdoba despidiéndolo, con toda la tristeza que conllevaba.

Mientras veíamos avanzar el avión que llevaba lejos a nuestro hijo, Julio pegó su frente al cristal por donde visualizábamos la pista y yo, a su lado, lloraba sin consuelo. Todo sumaba a mi desdicha y así mis dolores musculares se volvieron insoportables. Era tanta la fatiga que sentía que decidí ir al médico. El doctor hizo hincapié más en mi forma de vida que en la propia salud: demasiadas tensiones y no relajarme nunca. Me diagnosticó fibromialgia y, según él, debía cambiar rotundamente la manera de vivir.

—¿Y eso cómo se hace, doctor?

Solo logré ir una vez por semana a donde Aurora, una mujer encantadora que tenía su consultorio en la casita pintada del color del sol, muy pequeñita, que parecía como sacada de un cuento, con sus techos de madera y suelo de ladrillos muy encerados. El olor a incienso y la música clásica sonando muy bajito daban una sensación de paz absoluta. Me acostaba en la camilla y con aceites y calores me hacía masajes muy placenteros que calmaban un poco mis dolores. Además, podía hablar con alguien que con tanta serenidad escuchaba mis tormentos.

Pero la calma aparente de unos meses terminó una noche que estábamos solos con Rocío en casa y Julio comenzó a subir su tono de voz.

—¿A dónde ha ido Maribel? ¿Con quién ha ido?

—Julio —traté de tranquilizarlo—, Maribel tiene veinticuatro años. Pasa los días entre el trabajo y el estudio. Ya no tiene que pedir permiso para salir.

Pero él seguía ofuscado. Yo, haciendo caso omiso a sus comentarios, me fui a la cocina a preparar la cena. Me coloqué mi delantal rojo, atando el moño a mi cintura, abrí el frigorífico y saqué de allí las verduras, las lavé en el fregadero y en la tabla que estaba sobre la encimera las enfilé. Tomé el cuchillo y comencé a picarlas mientras seguía escuchando las incoherencias de mi marido. Su furia y su tono de voz iban en aumento. Hasta nuestro viejo perro empezó a ladrar.

De repente aquella noche de verano me pareció la más fría del invierno. Julio se acercó a mí y tomando mi mano, con la cual yo sostenía el cuchillo, apoyó su filo en mi garganta. Sentí el frío metal en mi cuello y mi cuerpo se estremeció y no por miedo, ya ni miedo sentía, sino por el horror de hasta dónde podía llegar su locura. Rocío, que jugaba en su habitación, alertada por los grito de su padre, en ese mismo instante entró a la cocina llorando. Fue el detonante para que Julio tirara al fregadero el cuchillo y se agarrara la cabeza. La niña se aferró a mis piernas y no quería que el padre se le acercara. La llevé a mi cama y la abracé muy fuerte hasta que entre llantos se quedó dormida. Julio, avergonzado, se encerró en la habitación vacía de Juan Manuel, donde durmió bajo los efectos de sus calmantes. Esa noche me tomé dos somníferos; quería dormir mucho, mucho, y que al despertar fuera todo un sueño…

Pero mi pesadilla no iba a terminar.

A los pocos días Julio dio por finalizado el tratamiento de la psicóloga. Recuerdo que, en la tercera terapia de grupo a la que yo acudí con él, antes de entrar me llamó la atención la forma exagerada en que Julio estiraba hacia dentro y hacia fuera la camisa para que le entrase el aire, en un gesto que parecía de protesta. No sé por qué seguía usando todavía esa camisa turquesa, que le quedaba grande. Se la había regalado nuestro hijo unas Navidades. De pronto se apoderó de mí una honda tristeza. Recordé a mi padre con su delgadez y su ropa bailando en su cuerpo. En ese momento un sentimiento de culpa o vergüenza me invadió el cuerpo. ¿Cómo no me había dado cuenta de la palidez de mi marido? Ya no eran arrugas, sino surcos, lo que había en su rostro. Me quedé mirando sus manos finas con los dedos largos. Aunque los médicos insistían en que estaba bien, no pude dejar de pensar que el cáncer estaba haciendo estragos, quizás en su cerebro. Tampoco podía dejar de mirar esa camisa grande, ya desgastada, pero que él quería tanto.

El carraspeo fuerte de Julio afinando su garganta, algo que hacía habitualmente, me sacó de mis pensamientos. Al entrar se abrazó enérgicamente con otros pacientes. Agradecí la brisa fresca que entraba por uno de los ventanales abiertos y a la vez me dio miedo que él se pudiera resfriar o que malograra su garganta. Aunque éramos un grupo numeroso, había muchas sillas vacías y no sé por qué Julio escogió sentarse bastante alejado del resto, de tal manera que cuando le tocaba hablar subía el tono para que todos lo escucharan, cuando no gritaba. Yo solo lo acompañé las veces que la psicóloga me lo pidió; quizás por eso había sitios vacíos, porque no siempre los pacientes iban acompañados.

Primero le tocó hablar a Marta. Comenzó contando que el marido le había pegado en una ocasión por sacarlo de sus casillas con sus celos. Según ella, con fundamento. Julio me había comentado de este caso como horrorizado y yo quedé de piedra al escucharlo, pero no más que cuando él se levantó de su silla y le dio lecciones de vida a la desesperada mujer.

—¡Marta! Perdona que me entrometa —comenzó diciendo Julio—, pero si tus fundamentos son veraces no puedes perdonar a un hombre que te ha pegado. Y ten cuidado con los celos, que terminas agobiando a cualquiera.

Mientras lo escuchaba hablar muy seguro de sí mismo, con su voz firme, no podía dejar de pensar en nosotros mismos, en la expresión de su rostro cuando las venas de su cuello se ponían gordas y azules y sus pupilas tan brillosas que inspiraba miedo. Y ahora dando consejos de celos y golpes muy tranquilo.

La psicóloga también lo miraba y escuchaba atónita mientras apuntaba en su cuaderno. Yo estaba inquieta en la silla, acariciaba la mesa de madera y cambiaba de sitio mi vaso con agua. Mientras se movían mis manos, no dejaba de fijar mi vista en Julio. No podía intervenir, solo escuchar, y me quería ir a casa lo más pronto posible.

De repente la voz de la psicóloga hizo eco y entonces:

—¿Qué dices, Julio? Mejor háblanos de ti.

—¿Para qué? —se ofuscó mi marido.

Empujó la mesa y su silla hacia atrás y se levantó tan bruscamente que a la psicóloga del susto se le cayó el cuaderno. Yo iba a limpiar el agua que se había derramado de mi vaso al moverse mi mesa, pero me detuve al ver a Julio levantar su silla y estrellarla contra la mesa de la psicóloga, que ni tiempo tuvo de reaccionar.

Nadie se movió. Todos estaban con los ojos muy abiertos y yo perpleja mientras Julio, agitando en alto uno de sus brazos, se retiraba del recinto para no regresar.

Capítulo 17

Toma de conciencia

Primeros días del año 2004

A pocos días de comenzar el año 2004 Julio cumplía cuarenta y nueve años y coincidía con nuestro aniversario: veinticinco años de casados. Tiempo atrás habíamos pensado en un gran festejo, pero tal como estábamos ni pensarlo.

El día anterior a saber qué lo atacó. Había cogido el coche y con toda su locura hizo bramar las ruedas en el pavimento y salió sin rumbo. Quedé llorando, pensando en el estado en que conducía y encomendándolo a Dios. Ya su coche estaba lleno de abolladuras.

Al día siguiente me llamó por teléfono.

—Estoy bien, Marita. No sé cuándo regreso a casa ni tampoco importa dónde estoy.

Me quedé en silencio. ¿Qué le decía? ¿Feliz cumpleaños? Era una burrada.

Ese día llamó Juan Manuel por teléfono desde Italia para saludar a su padre por su cumpleaños y ya no pude evitar contarle que cada día estaba más desmejorado y que su irracionalidad iba en aumento. Sentía una preocupación por Julio muy grande, a saber dónde estaba y qué locuras estaría haciendo, pero a la vez me sentía más relajada sin su presencia. A la semana regresó. A media mañana llegó a la tienda, me dio un beso en la mejilla y me pregunto cómo estaba y en qué podía ayudarme, como si acabara de salir de casa. Aseado, muy peinado, pero con el semblante aún más pálido. No hizo comentario alguno de su estadía ni yo se lo pregunté. Estaba tranquilo, no parecía él. Solo comentó que se sentía muy mal, como afiebrado. Se alegró mucho cuando le comenté que nuestro hijo lo había llamado para su cumpleaños y que pensaba regresar a casa después de un largo año ausente. Hasta se le cayeron algunas lágrimas.

Una tarde, ya casi de noche, Julio me pidió que me sentara a su lado en nuestra cama, donde estaba reposando. Los últimos rayos de sol apenas se divisaban por la ventana de nuestro cuarto, un aroma al jazmín de mis canteros se apreciaba en el ambiente. En verano el sol remolonea su partida y la noche se hace esperar.

Yo acepté sin más. Me quité los zapatos, recogí mi cabello, cogí un almohadón, lo apoyé en el respaldo y estiré mis piernas sobre la cama, sobre las cuales Julio apoyó su mano izquierda muy suavemente. Llevaba días con tanta calma que yo me preguntaba cuánto le duraría. Una vez acomodada, mi marido empezó hablar de la vida, de sus desaciertos, de la lucha incansable por su familia y sus desilusiones… Yo lo escuchaba callada. Todo lo que no sacó para fuera con la psicóloga me lo estaba diciendo a mí:

—De niño sentía tanta desconfianza al ver la belleza y juventud de mi madre, tantas veces me pregunté por qué se casó con mi padre siendo él muy mayor. Yo nunca vi en ellos amor, solo discusiones. Tú sabes bien que amo profundamente a mi madre, pero ella hizo de mí un ser desconfiado, inseguro y machista. Con tu gran paciencia, Marita, me has ayudado tanto a superar miedos, pero ahora de repente me avergüenza no tener control sobre mí y me pongo a pensar qué será de vosotros cuando yo… —Y su voz se cortó. Hubo un gran silencio hasta que entre lágrimas pronunció esa frase que aún retumba en mi cabeza—: Eres una gran mujer y puedes hacer feliz a cualquier hombre. Yo no supe hacerte feliz y siento que no me queda tiempo.

Sus palabras sonaban a despedida y mi rostro se bañaba en lágrimas. Sacando fuerzas y afirmando mi voz, llegué a decirle que se pondría bien y que podíamos intentar vivir de otra manera, que en dos días estaríamos todos juntos con la llegada de nuestro hijo y que la suerte nos cambiaría. El cuarto ya estaba totalmente a oscuras, ya no se veía la humedad del techo ni la pared despintada a consecuencia del fuerte temporal de granizo que unos meses antes había azotado al pueblo, destruyendo todos los tejados. A saber cuándo podríamos arreglar el techo de la casa. Los dos llorábamos acurrucados sobre el edredón rojo que cubría la cama, impropio para los días calurosos que estábamos pasando, pero Julio siempre tenía frío. Ya nada importaba; la noche nos había envuelto en una profunda tristeza.

CAPÍTULO 18

La trágica muerte

Marzo del año 2004

La mañana del primer día de marzo la familia en pleno esperaba en el aeropuerto la llegada de Juan Manuel al país. Las abuelas, sentadas en las enfiladas butacas de la amplia sala de espera, hablaban sin parar borbotones de palabras y ninguna de las dos se escuchaba. Los tíos y primos portaban una pancarta de bienvenida y las dos hermanas caminaban de una punta a la otra de la puerta para ser las primeras en saludarlo. Y yo con la mirada fija en esa puerta de llegadas, que por fin se abrió.

Y apareció mi hijo. Vestido muy europeo, flaco, con su pelo rubio muy largo, desmejorado por el cansancio del viaje y las ansias por llegar. Fue una avalancha para abrazarlo, menos su padre, que se retiró lo más lejos que pudo, pero sus miradas se encontraron y en ese momento mi niño me abrazó y lloró. Él notó rápidamente el cambio físico de su padre. La amplitud de su camisa blanca dejaba notar la delgadez de Julio y lo grandes que le quedaban los vaqueros; su rostro contraído y su mirada desencajada se podían apreciar aun en la distancia. Cuando nuestro hijo recuperó fuerzas fue por él y los dos lloraron en un gran abrazo.

Ya solos en casa, Juan Manuel no terminaba de contar sus vivencias, abrir maletas y regalos mientras abrazaba a sus hermanas. Momentos cálidos y felices que duraron muy poco, porque a la mañana siguiente, muy temprano, tuvimos que acudir a urgencias con Julio, que despedía sangre por la boca de manera intermitente.

En la ambulancia donde lo trasladaban a la ciudad de Córdoba yo estaba sentada a su lado y Julio, acostado en la camilla con el catéter puesto. Él insistía en que grabara en mi mente números y letras, códigos de tarjetas de bancos; yo me sentía fatal dentro de ese recinto que estaba provisto de toda clase de equipos: desfibrilador, botellas de oxígeno, tubos de tráqueas, mascarillas. Tantos aparatos que no sabía dónde posar mi vista. Los tristes recuerdos de mi pequeño hermano se agolpaban en mi mente y estaba asustada. No podía ni escucharlo y a todo le respondía:

—Luego, luego. Ya habrá tiempo para ello.

Y por fin llegamos al hospital, donde quedó ingresado en cuidados intensivos a la espera de estudios muy complejos, de los cuales no tuvimos resultados inmediatos.

Julio poco a poco se fue recuperando y no hubo más sangrados. Así, el jueves 11 de marzo por la mañana lo pasaron a una habitación común. Ese día quedó grabado en mi memoria. Estábamos viendo la televisión en la pieza del hospital cuando las noticias interrumpieron la programación para dar a conocer el horror del atentado de Atocha, en Madrid.

Dos días después le dieron el alta. Cuando regresamos a casa, familiares y amigos vinieron a visitarlo. Julio estaba en la cama, pero muy animado con tanta gente alentándolo. Llegada la noche, me sentía muy intranquila y le pedí a mi cuñado:

—Ricardo, ¿puedes llevar a Rocío a casa de tu madre para que duerma allí?

—¡Sí, Marita!

—Es que tengo miedo a que Julio no se encuentre bien por la noche. El doctor me aclaró que al mínimo sangrado hay que ingresarlo nuevamente.

—No te preocupes, cuñada, yo la llevo. Y ante cualquier inconveniente, no dudes en llamarme de inmediato.

—¡Pues claro, hombre!

Y Rocío nos despidió con su carita alegre y llenándonos de besos.

El domingo 14, después de una noche de duermevela alertada por cualquier movimiento o queja de Julio, me desperté muy temprano. Los rayos del sol iban aclarando el día. El verano estaba en su última fase, pero el calor todavía acechaba. Me levanté rápidamente y desayuné tranquila en la cocina, sabiendo que mi marido, a pesar de mi preocupación, había pasado bien la noche. Mientras todos dormían aproveché para ordenar un poco la casa. Le puse comida a nuestro viejo perro, un *basset hound* que arrastraba sus orejas por los suelos. Pobre, con tantos traqueteos lo tenía un tanto abandonado y ansiaba un poco de mimo. Me tomé un tiempito para ello mientras esperaba a que la lavadora pitara para poder terminar con la colada. También le eché un vistazo a mi jardín. Qué triste estaba, pero al fin mi buganvilla había florecido, ya que con los inviernos tan crudos todos los años se me helaba.

Como a las diez de la mañana escuché el carraspeó de la garganta de Julio, que había despertado. Preparé su desayuno (café con leche, tostadas con mantequilla y mermelada) y se lo llevé a la cama. Apoyé la bandeja sobre la mesa de noche porque me pidió que lo ayudara a levantarse para ir al cuarto de baño.

—Por favor, Marita, me siento un poco mareado. Acompáname.

—Claro, cariño. —Lo tomé de su brazo y fuimos caminando muy lentamente.

Al llegar al cuarto de baño de su boca empezaron a salir borbotones de sangre que tiñeron el lavabo de rojo. Yo a gritos llamé a mis hijos, que dormían. Juan Manuel me ayudó a tenerlo en pie, porque su padre se desvanecía, mientras Maribel llamaba a urgencias. No dejaba de sangrar y despedía coágulos muy grandes, que parecían trozos de hígado que lo ahogaban. En segundos estábamos bañados en sangre y el cuarto de baño parecía un matadero. Y Julio, desvanecido. No nos daban las fuerzas para sostenerlo. La ambulancia no tardó nada en llegar, pero esos minutos fueron eternos. De pronto la casa estaba llena de médicos con sus batas verdes; dos de ellos sostenían a Julio mientras otros extendían una manta en el suelo del pasillo. Sobre ella lo acostaron e intentaron reanimarlo. Yo miraba el rostro del médico que daba órdenes a los demás, su ceño fruncido, su desesperación, que era la mía.

—Familia, esperad fuera de la casa —nos ordenaron los de urgencias y muy a mi pesar tuve que obedecer, pero Juan Manuel se quedó allí, ayudando y presenciándolo todo.

En la amplia galería de la casa comenzó a juntarse gente alertada por tantas ambulancias, porque no llegó una, sino varias. Todos hacían preguntas, murmuraban entre sí. Yo solo sentía náuseas. Mi cuñado, mi madre y mis hermanos llegaron en minutos. De repente nuestro viejo y fiel perro empezó a aullar de una manera muy rara. Yo cerré los ojos y me encomendé a Dios. En ese momento se abrió la puerta principal de la casa y salió de su interior uno de los tantos médicos. Apoyó su brazo en mi hombro y muy acongojado me dijo:

—Lo siento, señora. Su marido ha fallecido. Un aneurisma de aorta. Se ha dilatado tanto que al final se ha roto y ha provocado un sangrado interno mortal.

Después nos enteramos, con la tardanza de los resultados de los estudios, de que el cáncer le estaba tomado las arterias del cuello y subía hacia la cabeza.

Me puse a gritar muy fuerte, como me lo permitía mi garganta, sacando fuera tanto dolor, tantos sufrimientos. No sentía nada más que ese grito que salía de mi garganta, como si yo no fuera ya más que eso, un grito desgarrado por el que se iba toda una vida. Seguí gritando mientras mi madre me agarraba y me sacudía por los hombros.

—Deja de gritar, hija, por Dios. Todo el pueblo está escuchando tus alaridos.

Yo la aparté para poder seguir gritando y a la vez balbuceaba con furia, con el rostro bañado en lágrimas:

—¡Nadie me da órdenes, madre! ¡Nadie más!

Y solo cuando ya no pude gritar más me abracé a mis hijos, me calmé y pude entrar a la casa, al pasillo donde aún estaba Julio, para despedirme de él para siempre. Su cuerpo estaba tumbado en una camilla, preparado para llevarlo a la funeraria.

Lloré, lloré mucho. Tocaba sus manos y su rostro terso y frío y en mi ropa, la que aún llevaba puesta, pantalón de *jeans* y camiseta a rayas, se veían las manchas de su sangre ya seca. Tantos años juntos, unos hijos maravillosos, pero marcada por la intolerancia, la enfermedad y el dolor.

Los pensamientos se me apiñaban en mi cabeza: «Lo he querido, lo he respetado y lo he cuidado hasta su último aliento, prácticamente murió en mis brazos, pero no sé si aún lo quiero o es el miedo a la soledad o la sensación de libertad que me avergüenza». Eran muchos los sentimientos encontrados ante un dolor tan fuerte.

Y luego ¿cómo explicarle a mi niña Rocío, de ocho añitos, que su padre había muerto cuando ella por la noche se había ido de casa muy contenta? ¿Y a su abuela, mi suegra, que siempre se había negado a reconocer lo enfermo que estaba el hijo? Aunque últimamente se daba cuenta de las fuertes reacciones de Julio y me pedía que no lo abandonase.

Después del funeral, regresar a casa. Qué duro fue. ¿Cómo olvidar los momentos fatídicos pasados allí? Mi madre y una cuñada habían limpiado el cuarto de baño y el pasillo, pero durante días fuimos encontrando restos de sangre.

Cuando me dirigí a mi habitación mis ojos se quedaron fijos en la mesa de noche. Me quedé ahí, inmóvil, justo en el umbral de la puerta. La bandeja con el desayuno para Julio todavía estaba allí. Me acerqué despacio mientras mi corazón golpeaba lentamente mi pecho y mis lágrimas afloraban. ¿Cómo pensar que unas horas antes el café calentito y las tostadas crujientes eran signos de vida y ahora solo me recordaban la trágica muerte?

SEGUNDA PARTE:
LA VIDA CONTINÚA

CAPÍTULO 19
La inseguridad

Los siguientes meses del año 2004

Los días que siguieron a la muerte de Julio transcurrieron entre el trabajo de la tienda, los quehaceres del hogar y la visita a diario a mi madre o a la madre de Julio por si necesitaban algo. Me entretenía ayudando a Rocío con las tareas de la escuela y disfrutando con ella mientras aprendía a saltar a la cuerda, el elástico o andar en bicicleta sin rueditas por la calle (aún de tierra) donde vivíamos en tanto nuestro perro corría a su vera. Los domingos trataba de recuperar el buen aspecto de mi jardín, aunque con el frío invierno que acechaba solo quedaba tapar las plantas más apetecibles y esperar a la próxima primavera. Mis hijos mayores me ayudaban mucho, pero cada uno tenía sus obligaciones. Juan Manuel había retomado su antiguo trabajo y Maribel trabajaba media jornada y el resto del día lo pasaba en la facultad o estudiando sin descanso hasta lograr tener su título universitario.

Fueron días duros; no había tiempo para reponerse del cansancio acumulado por la lucha contra la enfermedad de Julio ni de hacerme a la idea de que ya no estaba con nosotros. Me envolvían una gran tristeza y soledad, pero había que seguir lidiando con montones de trámites con la burocracia, que no daba tregua, y el volver a la realidad de nuestro país.

Hacía poco más de un año que gobernaba Néstor Kirchner, del Partido Peronista; yo ni cuenta llevaba de cuándo habíamos votado, pero sí empecé a sentir la inseguridad que se empezó a vivir. El Gobierno ayudó con subvenciones a la gente más necesitada, sacando de la indigencia a muchas familias; sin embargo, el sistema, que aparentemente beneficiaba a los pobres, fomentó la vagancia, el delito y el correr de la droga barata. De poco servían aquellas ayudas que no fomentaban el trabajo. El Gobierno conseguía sumar votos y miraba hacia otro lado y, mientras, a nosotros un día nos robaban el parabrisas del coche y al otro entraban a la tienda para llevarse el poco dinero que había en la caja. La economía del país seguía dando tumbos y la clase media pagando los platos rotos como siempre, corriendo detrás de una altísima inflación y de la eterna especulación con el dólar, sumándonos a una gran inseguridad y corrupción.

Una noche, al llegar a casa con Rocío después de un agotador día de trabajo, me encontré con el portón abierto, una de las ventanas violentadas y el cristal roto. Algo asustó a los maleantes, que se fueron sin lograr su cometido.

—¡Lo que nos faltaba! —me repetía en silencio para no asustar más de lo que ya estaba a Rocío.

Cuando llegaron mis hijos mayores no podíamos más que lamentarnos:

—¿Qué pasó, madre? —preguntó Juan Manuel al entrar—. Habéis dejado el portón abierto.

—No, hijo. Han roto el cerrojo, igual que forzaron los postigos de la ventana y astillaron el cristal.

—Madre, ¿has preguntado si alguien vio algo? —comentó Maribel.

—Ningún vecino vio nada, hijos.

—Con el deterioro que viene sufriendo la casa y la tristeza que hay en ella, ahora se implanta el miedo —se pronunció Juan Manuel, ofuscado, y terminó diciendo—: Está decidido, madre. Con el ahorro que tenemos para arreglar el techo colocaremos rejas en todas las ventanas y galerías.

Transformamos nuestro hogar en una cárcel, pero no se puede poner puertas al campo. ¿Y cómo enfrentarte al peligro en las calles y al miedo cuando los hijos salen?

Una gris tarde de septiembre fui a la ciudad de Córdoba a por mercadería para la tienda y me sorprendió una gran tormenta. De regreso circulaba en mi coche sola, a poca velocidad, y la noche llegó oscura y fría y sobre todo con una lluvia persistente que dificultaba la visión. El agua corría por la acera y se desplazaba por la ancha calle. Todo estaba en un silencio muy profundo, solo se escuchaba de vez en cuando un fugaz trueno; no había tránsito ni gente por las inmediaciones de la avenida Donato Álvarez, que suele ser muy transitada. De pronto apareció ante mis ojos una figura borrosa, pero todo fue tan rápido que no pude distinguir qué era hasta que sentí primero el estruendo del cristal de la ventanilla del acompañante al romperse y rápidamente, sin darme tiempo a reaccionar, un hierro grueso y rígido atravesaba el interior de mi coche, incrustándose en mi puerta, dejándome inmóvil con el hierro pegado a mi pecho. En ese instante en que el coche se detuvo, un individuo abrió mi puerta y, retirando el brutal hierro, me agarró de los pelos para que descendiera, sin percatarse de que yo llevaba el cinturón de seguridad puesto, lo que dificultaba mis movimientos. Era un hombre bajito, con el rostro cubierto por un pasamontañas, y no paraba de gritarme: «¡Baje, baje del coche!». Él estaba muy nervioso y yo tenía tanto miedo que rápidamente me desabroché el cinturón de seguridad. Lo siguiente que sentí fueron sus puños golpeando mi cara mientras otro indeseable intentaba subir al coche. Los dos estaban empapados por la lluvia; yo apenas veía nada, solo percibía su soberbia implacable y sentí una fina línea de sangre deslizarse junto con el agua de la lluvia por mi rostro hasta mi cuello.

En ese instante, cuando todo parecía llevarme hacia el abismo, llegó el milagro: una camioneta que casualmente circulaba por el sitio. Su conductor, al ver o intuir lo que estaba pasando, cruzó su vehículo frente al mío y con mucho coraje descendió. Era un hombre alto, robusto, bien plantado, que asustó a mis atacantes, quienes me tiraron al suelo y corrieron ambos hacia un descampado. El señor me ayudó a ponerme en pie y subí al coche empapada por la lluvia y temblando como una hoja al soplar la brisa. En el interior había vidrios por doquier y penetraba la lluvia por el cristal roto.

Mi alma auxiliadora me acompañó hasta la comisaría más próxima, donde juntos hicimos la denuncia del hecho.

—Señores, esto pasa a diario —nos respondió el policía—. Y no tenemos los medios para combatir esta delincuencia.—Esa fue la desolada respuesta que nos dieron.

Al salir de la comisaría agradecí mucho al señor por su incondicional ayuda.

—Perdón, ni siquiera le he preguntado por su nombre.—Y me presenté.

Con una sonrisa y una mueca de picardía que yo no interpreté respondió:

—Fernando.

CAPÍTULO 20
El amor

Primavera del año 2004

La primavera empezó asomarse tímidamente. Por fin nos sacábamos los pesados abrigos del crudo invierno. A través de las rejas de mi casa podía apreciar algunos brotes verdes, pero nuestro perro estaba muy fastidiado con tanto encierro. Estaba muy gordo y no pasaba por los barrotes. Entre caricias y mimos yo le susurraba:

—Estamos iguales, gordito. Yo me siento como un pájaro enjaulado.

Un domingo, como siempre lo hacíamos, fuimos todos a almorzar a la casa de la abuela. Era una mañana muy cálida e íbamos más ligeritos de ropa. Sin duda, el buen tiempo ayudaba a levantar los ánimos. Yo llevaba en mis manos una bandeja con el postre.

Al entrar al salón de mi casa paterna me quedé perpleja. Fernando, aquel señor, estaba allí con mi madre y mis hermanos Marcelo y Miguel, bebiendo un aperitivo. Resultó que todos se conocían y habían pasado innumerables momentos juntos. Nos quedamos mirándonos unos segundos. Yo no daba crédito a la casualidad, pero él me había reconocido como la hermana de sus amigos; por ello la mueca de picardía en su rostro y esa noche no me dijo nada.

Fue un agradable almuerzo en familia; mi madre no dejaba de repetir lo bien que cocinaba Fernando y lo gracioso que era y él, a su vez, alababa el postre que yo había preparado.

Desde esa formal presentación en familia Fernando comenzó a frecuentar mi tienda. Siempre encontraba algún pretexto para venir a verme. Con una personalidad arrolladora, la adversidad había templado su carácter, dotándolo de una gran fortaleza, haciéndolo superoptimista y alegre. Con sus ocurrencias nos reíamos un buen rato y terminábamos en largas charlas.

Un día entró a la tienda muy eufórico, abanicando cuatro papeletas en su mano.

—¡Vamos al Teatro Comedia, Marita! Estas son las entradas. Nos acompañan tu hermano Miguel y su pareja.

Mi cabeza se hizo un lío, llevaba siete meses de viuda. ¿Qué pensaría Julio? Saliendo con un hombre, aunque solo fuéramos amigos. Mis hijos, como mis hermanos, insistieron para que aceptara y que me dejara de bobadas.

Hacía tanto tiempo que no me compraba ropa. ¿Cómo vestirme para una salida de noche? Ya se me había olvidado. «Que no sea muy alegre ni provocativa, tampoco muy formal». Me ponía y sacaba una y otra prenda del fondo de armario hasta que por fin me decidí por algo muy clásico: pantalón de vestir negro con tacones y cartera en el mismo color, una camisa de seda sin mangas en color verde pastel y un fino collar de fantasías muy discreto en tonos acordes, poniéndole un toque de distinción.

La noche era muy cálida y estrellada y partimos hacia la ciudad de Córdoba en el coche de mi hermano Miguel. Al llegar al Teatro Comedia y acomodarnos en las butacas rojas bien enfiladas, yo traté de que Fernando no se sentara a mi vera, sino lo más lejos posible. Aunque no dijo nada, noté su disconformidad en sus gestos.

Al terminar la obra, que fue muy divertida y no paramos de reírnos, fuimos a un restaurante a cenar, donde había muchísima gente. Era un salón amplio y muy iluminado, con grandes lámparas que colgaban del techo y, en el centro, un gran bufé donde podías elegir el plato preferido. Nos sentamos en una mesa al fondo del salón, donde ya quedaban pocas sin ocupar. Un mantel blanco de lino la cubría, con otro por encima en color salmón y las servilletas en el mismo tono. Un pequeño florero en el centro con una rosa perfumaba el ambiente.

La velada fue muy agradable, pero yo no podía dejar de sentir culpas. Tenía un nudo en el estómago y por momentos hasta náuseas. Fernando se dio cuenta de mi estado emocional y ayudó a que pasara el mal trance contando anécdotas graciosas y haciéndonos reír a todos.

Pocos días después cumplía mis cuarenta y siete años y me sorprendió con un gran ramo de flores. Se fueron sumando detalles con los cuales Fernando me sorprendía día a día. Así, su presencia me empezó a ser imprescindible, esperaba ansiosa el momento en que llegara a la tienda. De mis días tristes y solitarios pasé a estar alegre, con ganas de vivir, a comprarme ropa más moderna, arreglarme el cabello, sentirme más jovial. Pero también estaba muy confundida, no entendía bien qué me estaba pasando.

Antes de que llegaran las fiestas del fin del año, un día nos quedamos por casualidad solos en la cocina de la casa de mi madre, sentados frente a frente, mesa de madera de por medio y con el sol reflejado en la ventana. Fer cogió mis manos y sus ojos celestes se posaron en los míos. Me sentí muy confusa, quería desaparecer del mundo. Presentía lo que al final terminó diciéndome:

—Marita, si nos diéramos la oportunidad de comenzar una relación juntos…

Me entró pánico, mucho miedo de equivocarme, del qué dirán, de qué pensarían mis hijos, mi madre, la familia de Julio. Todo daba vueltas en mi cabeza y solo atiné a decir:

—Hace apenas nueve meses que quedé viuda.

Asustada me levanté de la silla. Me disponía a salir de allí. Fer se acercó a mí lentamente y rozó sus labios con los míos en un tierno y fugaz beso. Despavorida salí en busca de mi coche; quería huir de mí misma. Llegué a mi casa temblando, no podía ordenar mis ideas.

La noche fue eterna. Recién logré dormirme a la madrugada, soñando cosas horribles. Julio en sueños me perseguía. Desperté por la mañana más tarde de lo habitual. Me dolía la cabeza y todo el cuerpo.

El día amaneció lluvioso. Me di una ducha y, mientras me vestía con prisa por lo tarde que se me había hecho, seguía pensando en las palabras de Fernando y en el miedo que me provocaron. Movía mi cabeza como queriendo disipar mis dudas, pero solo me confundía más. Tomé las llaves del coche y salí rumbo a la tienda, donde me esperaba un arduo día de trabajo.

Al fin llegó la noche; me sentía cansada y la lluvia no cesaba. Cerré la tienda, cogí mi paraguas y me dirigí al garaje, donde tenía aparcado el coche. De lejos lo vi. Fernando me estaba esperando. Sostenía un paraguas y vestía pantalones oscuros y una camisa en color turquesa, que hacían resaltar el color de sus ojos.

Me fui acercando lentamente y cuando quedamos frente a frente sostuvimos nuestras miradas unos segundos. Nos resguardamos de la lluvia, cerramos los paraguas y sin decir palabra me tomó en sus brazos y me besó tan apasionadamente que han pasado muchos años y yo sigo sintiendo ese beso que disipó todas mis dudas. Me había enamorado.

CAPÍTULO 21
Cómo contarlo

Fin del año 2004 y principio de 2005

Fernando apareció en mi vida una tormentosa noche, en el momento menos pensado, y nació entre nosotros ese amor por el cual yo ya estaba dispuesta a enfrentar al mundo. Y así, unos días después, una calurosa tarde de verano, estábamos juntos frente a mis tres hijos, comunicándoles nuestra relación en la amplia sala de mi casa, que en los cálidos días veraniegos podíamos habitar, porque el techo estaba muy húmedo y en la época invernal la manteníamos cerrada por el frío que se colaba. Sentados alrededor de la mesa del comedor disfrutábamos de un aperitivo y Rocío de su gaseosa en la tranquila paz hogareña. Fer movía su copa mientras hablaba y yo miraba atenta las caritas de mis niños, buscando su aprobación o disgusto. Pero ninguno dijo nada; ya lo venían presintiendo y me sentí muy arropada por ellos. En un momento Fer tomó mi mano entre las suyas, nos miramos y una sonrisa cómplice delató nuestra alegría. Entonces se acercó a mi oído y me murmuró:

—Ya ves, Marita. El primer paso y el más importante está dado.

Al día siguiente, feliz y con la ilusión de que mi madre aprobaría mi relación, entré a la casa paterna radiante. Me había recogido el pelo y llevaba un vestido muy veraniego de colores pastel. Hacía mucho calor y mis mejillas estaban coloradas, no sé si por la temperatura ambiente o porque mi sangre fluía más rápido que nunca. Cuando entré a la cocina, mi madre me esperaba sentada en su mecedora y sobre la mesa tenía preparado el equipo del mate y una bandeja con medialunas.

—¡No te levantes, madre! —La besé en la mejilla, colgué mi bolso en el perchero que estaba detrás de mí y me acomodé en una silla frente a ella.

Con todo mi entusiasmo y un poco alborotada le empecé a contar lo que Fer y yo sentíamos, pero mi voz se fue apagando lentamente al darme cuenta de que los gestos de su cara se iban transformando y callé. Ella se levantó de su mecedora estirándose su vestido a rayas, se paró frente a mí frotando sus manos temblorosas y después de un incómodo silencio me respondió:

—¡Todavía estás de duelo, Marita! ¿Te has vuelto loca? ¿No tienes en cuenta lo que dirán de ti en el pueblo? —Respiró profundo y continuó—: ¿Tú sabes la vergüenza que pasarás? Solo llevas nueve meses viuda.

Cambié mi postura en la silla. Ya no podía seguir hablando, tenía un nudo en mi garganta. Recordé la propuesta que me había hecho mi madre tiempo atrás, al mes de quedarme viuda, una de esas tantas tardes mateando juntas:

—Hija, traspasa la tienda, alquila tu casa y te vienes a vivir acá conmigo. —Su tono sonaba más a orden que a sugerencia. Lo cierto es que la vida en familia había cambiado mucho desde la falta de mi padre. Rosa no tenía el mismo carisma y muchas veces, sin querer, por su torpeza de decir las cosas sin medir las consecuencias, creaba más de un problema entre los hermanos o cuñadas. Pero yo siempre estaba a su lado, abogando por la buena convivencia—. Si te gusta la idea —comentó en tanto me pasaba el mate y aflojando el tono—, serías como mi dama de compañía, tanto en lo cotidiano como para salir de compras o de viaje. Y no tendrías que lidiar con la tienda ni con la pobre pensión que vas a percibir, seguramente, con este Gobierno.

En mis manos el mate se tambaleó al punto de derramarse. Lo más apacible que pude, tratando de no herir sus sentimientos, le respondí:

—Lo siento, madre, pero me quedo en mi casa con mis hijos. Quiero ser dueña de mi vida. Y en lo económico la seguiré peleando. Soy buena administradora.

En el fondo mi madre no había perdido las esperanzas de que yo flaqueara y optara por lo más fácil: regresar a la casa paterna. Pero ahora mi relación con Fernando tiraba por tierra todos sus planes. Quería pensar que era eso lo que la disgustaba y no tanto el qué dirán, sabiendo que no le gustaba vivir sola.

Y así, sintiéndome muy incomprendida, con un sabor amargo y la tristeza de no poder compartir mi felicidad con mi madre, me levanté de la silla, estiré la falda de mi vestido, cogí mi bolso y ya me disponía a marcharme cuando ella, sin mirarme a los ojos, me espetó:

—Fernando es un hombre con dos divorcios a cuestas. Tú sabrás lo que haces.

Su voz sonó muy enfadada y dio por finalizado el tema. No hacía falta que me aclarara nada. Fernando era un libro abierto, con sus aciertos y tantos errores, pero igual lo amaba y me llenaba el alma. Temblando (y no de frío, porque el calor azotaba) salí de mi casa paterna y mientras iba a por el coche mis mejillas se humedecían con unas desoladas lágrimas.

El domingo por la tarde fui con Fernando a la casa de mi hermano Marcelo para contarle lo nuestro y, casualmente, mi hermano Miguel con sus hijos y su pareja estaban allí. Entramos tomados de la mano por la parte trasera del jardín de hierba verde recién cortada. Un caminito delineado por canteros llenos de margaritas y geranios nos conducía hasta la piscina, donde estaban disfrutando, unos en las tumbonas tomando el sol y otros nadando o chapuzando en el agua. Al vernos no hizo falta aclarar nada: saltaba a la vista.

—Justamente hablábamos de vosotros, esperando lo que acabamos de confirmar —comentó mi hermano Miguel.

Marcelo fue a por las copas y la botella de cava para que brindásemos, en tanto mis sobrinos deliberaban entre ellos y en cuanto nos descuidamos nos empujaron a ambos a la piscina. Un chapuzón nos vino de maravilla entre las copas y el caluroso día de verano. Al final terminé llorando, pero esta vez de alegría.

Mi hermano Mauro, que aún vivía con su familia en el extranjero, regresó al poco tiempo al país. No sé bien cómo se enteró de mi relación con Fer, pero fue una más de las excusas que puso para separarse de la familia. En realidad, desde el día que faltó mi padre Mauro ya había puesto esa distancia en la relación con mi madre y mis hermanos. El único que podía doblegar su intransigencia era nuestro padre y ahora no aceptar a mi pareja le servía para cortar todos los lazos familiares.

Me faltaba contárselo a la madre de Julio y temía cómo reaccionaría ella, pero no quería que se enterase por terceros, así que a los pocos días conduje hasta su casa y aparqué el coche. Me costó ubicarlo porque el suelo estaba muy barroso, pues la calle es de tierra y, si bien el cielo estaba despejado, llevábamos una semana de muchas lluvias. Antes de atreverme a salir apoyé mi cabeza en el respaldo del asiento y cerré mis ojos. Quería tranquilizarme. Solo cuando lo hice alisé mi falda azul y me acomodé los rizos de mi cabello. Luego descendí, atravesé el jardín y suspiré profundo antes de llamar a la puerta. Ella me recibió con una sonrisa.

—¡Hola, cariño! ¿Cómo estás, Marita? —comentó mientras me hacía pasar.

Ya en la sala, un tanto oscura, encendió la luz de un velador de pie y nos sentamos una frente a otra, ella en la mecedora que atesoraba porque era la de Julio, que se la regalé cuando el faltó; y yo en el sofá estilo Luis XV tapizado en brocado, ya muy gastado por el paso del tiempo, uno de los pocos muebles que le quedaban de los años en que la familia disponía de mucho dinero. Después de hablar del clima y de sus malogrados huesos me levanté y fui hasta la cocina a por un vaso con agua. Bebí despacio porque necesitaba aclarar mi garganta. Ella siempre fue una mujer impredecible y, con lo mal que lo había pasado con mi madre, casi podía entender que se enfadase al escucharme. Volví a la sala; mis manos sudaban y mi voz tartamudeaba cuando empecé hablar:

—Ha pasado poco tiempo, Mima. Espero que me entiendas. Te juro que no quería esto, pero sucedió: ¡me enamoré! —Seguramente, mi cara estaría más roja que un tomate, porque me ardían los cachetes, pero continúe—. Y estoy dispuesta a dar rienda suelta a mis sentimientos. Sé que a ti te pasó lo mismo hace algunos años y me puedes dar mil consejos porque no te fue bien, pero me la voy a jugar. Ahora mismo soy feliz, mañana Dios dirá…

Ella, muy serena, se levantó de la mecedora y me miró fijamente con sus bellos ojos grises con destellos verdes, los que heredaron mis hijos mayores, y mientras yo moría de ansiedad pronunció las palabras que tranquilizaron mi alma y se grabaron en mi mente.

—Solo te pido tiempo para acostumbrarme a tu nueva vida, Marita. Sabes que te quiero como una hija y quiero que seas feliz.

—Gracias —atiné a responder tímidamente mientras la abrazaba y en tanto mis latidos se iban normalizando terminé diciendo—: Claro, el tiempo que sea necesario.

Entonces preparamos unos mates y yo me fui relajando.

Unos meses después, ya comenzado el año 2005, estábamos de camino a la ciudad natal de Fernando, Monte Hermoso, donde nos esperaban su madre y su única hermana. Su padre había fallecido muy joven en un accidente de coche. Mil trescientos kilómetros de interminables rutas donde solo se ven campos y más campos a ambos lados de la carretera, algunos con sembrados de maíz, trigo o soja y otros con miles de cabezas de ganado. Así es mi país: extenso, con parajes naturales bellísimos, pero para desplazarte y poder disfrutar de la belleza natural o de cada ciudad importante te esperan miles de kilómetros rodeados de campos.

Rocío nos acompañaba sentada en la parte trasera del coche. Fer conducía muy tranquilo y nos deleitábamos con los bellos lugares que él nos señalaba, como las sierras de la Ventana, donde hicimos una parada y sacamos tantas fotos. Fue un largo y hermoso viaje y al llegar a destino en la puerta de la casa paterna nos dieron la bienvenida. Su madre, Matilde, era una señora alta y elegante con cierto parecido a su hijo; y su hermana, Leticia, delgada y bajita, me recordaba a la diferencia física que tenemos con mi madre. Hubo besos y abrazos como si nos conociéramos de toda la vida. Al entrar al salón, muy grande e iluminado, mi vista se fijó en la pared del fondo, que lucía un empapelado con un paisaje muy otoñal. La mesa estaba preparada con la mejor porcelana y las más relucientes copas, olía a comida casera recién preparada por su madre. Con las tripas resonando que traíamos solo atinamos a lavarnos las manos y ya estábamos hincando el tenedor. Fueron unos días muy placenteros y Rocío pudo tocar el agua del mar, que tanto deseaba conocer, ya que la ciudad natal de Fer se encuentra a orillas del océano Atlántico. Caminamos por sus playas y, aunque era verano, nos tocaron días muy frescos, típicos del sur, por lo cual no apetecía darnos un baño en sus frías aguas, lamentándolo sobremanera.

CAPÍTULO 22
Sueños y lamentos

Transcurso del año 2005 a 2007

Fernando, después de su último divorcio, tuvo un largo andar hasta que decidió vivir por un tiempo en mi pueblo, donde de niño y adolescente visitaba a su abuelo materno. Aunque en sus planes estaba radicarse en España, cansado de los vaivenes de la economía del país. Fer solía decirme en nuestras largas charlas:

—Si nos hubiéramos conocido en la adolescencia, cuando yo venía de vacaciones a lo de mi abuelo, otra hubiera sido nuestra historia.

Porque, como bien pronosticó mi madre, nuestro romance se convirtió en la comidilla del pueblo.

—Siento las miradas y el cotilleo de la gente cuando nos ven juntos —le comentaba a Fer una mañana, entrando a la panadería del pueblo.

—¡Déjalo estar, Marita! Es la envidia. Más quisieran todos estar enamorados como nosotros. ¡Vamos! Libera esos prejuicios de nuestra generación —murmuró entre dientes y con cierta ironía, apoyando su mano en mi hombro para que avanzase mientras sostenía la puerta abierta de la panadería.

—¡Llevas razón! —contesté y me relajé, dibujando una sonrisa en mi rostro.

A poco más de dos meses de iniciarse nuestra relación, una tarde lo invité a tomar unos mates en el jardín de mi casa. Nos sentamos bajo la sombra del paraíso, donde unos rayos de sol se filtraban e iluminaban nuestros rostros. Y en tanto hablábamos de mil cosas a la vez yo acariciaba la cabeza de mi perro, Alfonso, que se había acomodado entre ambos. Fer comenzó a contarme de un viejo proyecto que tenía en mente, pero que había desechado pensando en emigrar y ahora lo tenía como opción para quedarse a vivir en el pueblo. Yo prestaba tanta atención a su proyecto que él más se entusiasmaba, tanto que de sus ojos celestes se desprendían destellos, quizás reflejos de los rayos del sol que nos daban en la cara, y haciendo ademanes con sus manos iba subiendo el tono de su voz mientras me hablaba:

—Se trata de montar una planta donde se seleccionen las verduras y hortalizas para un proceso de lavado, secado y, en algunos casos, troceado y luego empaquetarlas, conservándolas a una temperatura que oscila entre uno y cuatro grados centígrados y con una duración de siete a diez días para su consumo, facilitando el trabajo en los hogares. Y las venderíamos a todas las tiendas de comidas y supermercados. La gente solo tiene que abrir la bolsita de lechuga, acelga, espinaca, zanahorias… ¿Te das cuenta, Marita? —Seguía eufórico y cambiando un poco su postura, poniendo cara de súplica, comentó—: Quiero pedirte que consideres el hecho de trabajar juntos en esto.

El sol se ocultó y nosotros seguíamos hablando y haciendo planes sobre la futura empresa. Sin pensarlo mucho decidí traspasar mi tienda y aceptar su propuesta. En poco tiempo ya estábamos con su proyecto en marcha y toda la ilusión, con el impulso del amor y la seguridad y el brío de su personalidad.

Los dos estábamos dentro del amplio local donde comenzaríamos con las obras; contemplábamos sus amplios ventanales y suelos de granito natural y, fijando la mirada hacia el techo, Fer empezó a explicarme que por allí pasaría los caños de agua, luz y ventilación para abastecer todo el sitio.

—Y luego cubriré el cielorraso con placas de chapa para mayor higiene. ¿Qué te parece, Marita?

Volviendo mi mirada hacia su rostro, asombrada, comenté:

—¿Y tú eres capaz de hacer todas esas instalaciones a las que te refieres?

—¡Claro! —exclamó—.Y todo lo que vamos hacer juntos, ya verás.

Y en efecto, cuando terminó de colocar la última placa de chapa en el cielorraso comenzamos a pintar las paredes del local en un verde claro y se colocaron las largas mesadas de acero inoxidable con grandes fregaderos reluciendo sus brillos, con grifos comandados a pedal. En cada punta de las mesadas una máquina centrifugadora cerraba el recorrido para dar lugar a una amplia mesa, también de acero inoxidable, donde se empaquetarían las verduras y la máquina de vacío, que estaba a su vera, las cerraría herméticamente, dejando el producto listo para pasarlo a la cámara de frío y desde allí preparar los pedidos para su comercialización.

Felices contemplábamos el trabajo realizado en tanto yo comentaba:

—Está todo superlimpio e iluminado para comenzar a trabajar cuanto antes.

—Y con la temperatura ambiente propicia para el manejo de verduras, hortalizas y productos de cuarta gama —resaltó Fernando satisfecho.

Y descorchando un champán brindamos con mis hijos y mis hermanos Miguel y Marcelo, agradecidos por la ayuda prestada en los trabajos de las instalaciones. Rocío pedía una copa con gaseosa para sumarse al brindis. La pequeña había pasado momentos tiernos con Fernando mientras colaboraba con su pequeña ayuda. Yo muchas veces me quedaba mirándolos de lo bien que congeniaban. Ella necesitaba de atenciones y cariño, aunque para malcriarla estaba su hermano.

Así los vecinos del pueblo dejaron de hablar de nosotros para hablar de nuestras verduras, que fueron bien recibidas tanto en las tiendas locales como en grandes supermercados de la ciudad de Córdoba.

Mi vida había cambiado de manera, tal y como me lo había pedido el doctor unos años antes en una consulta, donde yo le pregunté:

—Cambiar de vida. ¿Cómo se logra eso, doctor?

Y qué razón tenía. El amor amarró mi corazón, pero me sentía libre, me habían crecido alas... y así mis dolores musculares fueron calmando y, aunque trabajaba mucho, cada día me sentía mejor. Me apunté a un gimnasio y ya no tenía que ir a la casa encantada de Aurora para que me diera masajes. Solo la visitaba de tanto en tanto como buenas amigas que terminamos siendo.

Después de tantos años retomé mis largas charlas con Carmen, mi querida amiga de toda la vida. Sentadas bajo la tupida sombra de la parra de su casa tomando mate, volvíamos a recordar lindos momentos de nuestra adolescencia.

—Mira estas fotos, Marita. Qué jóvenes éramos. —Y nos reíamos de nosotras mismas.

—Y esta foto, Carmen. ¡Qué lindo viaje! —Teníamos dieciséis años y fuimos con mi abuela a Mendoza y subimos a lo alto de la cordillera de los Andes, el paso Los Libertadores y el Cristo Redentor.

—¿Te acuerdas, Marita, del frío que pasamos y cómo teníamos que sujetar a la abuela por el fuerte viento que azotaba y la pobre no se podía mantener en pie?

Cuántos recuerdos. Las tardes se nos hacían cortas entre risas y nuevos sueños. Las dos estábamos pasando por una buena etapa de la vida.

Mis días junto a Fer no eran solo de trabajo, también compartíamos momentos muy placenteros. Él me atendía como a una reina y, como buen amante de la cocina, me preparaba unos platos riquísimos para agasajarme. Los domingos por la tarde solíamos llevar a Rocío a tomar helados o a dar un paseo en familia.

Como unas pequeñas vacaciones que nos tomamos para disfrutar de unos días al aire libre. Nos fuimos a las sierras, a orillas del lago San Roque. Además de mis tres hijos, nos acompañaron mis sobrinos, los más grandes, dos mujercitas y tres varones. Fuimos a un *camping* donde armamos cuatro tiendas de campaña. Tanto nos reímos mientras tratábamos de armarlas. Allí dormimos las siguientes noches, bajo la luz de la luna. Fernando y yo preparábamos en una olla grande que habíamos llevado los guisados para todos.

—Vamos a la mesa, la comida está servida —los llamábamos haciendo sonar algún cubierto contra un plato y todos, hambrientos por el aire de la naturaleza, acudían de inmediato.

Nos sentábamos alrededor de la larga mesa hecha de cemento, con sus bancos, debajo de un frondoso árbol de quebracho blanco. Durante las tardes paseábamos por el lago en lancha y los jóvenes disfrutaban de la música y el baile en un parador cercano.

Regresamos al trabajo con las pilas bien puestas por un merecido descanso en plena naturaleza; se reflejaban en nuestra piel bronceada los bellos días soleados de aquel inolvidable verano.

La tradición de la familia unida que fuimos y que mi padre tanto nos inculcó seguía siendo mi desvelo; por ello, los domingos seguíamos juntándonos en familia para almorzar en la casa paterna y acompañar a mi madre, aunque las discordias y los malos entendidos cada vez eran más frecuentes en el seno familiar. Parecía que Rosa disfrutaba con armar pleitos. Ella hacía notar su enfado con la vida y lo entendíamos después de tantas penas sufridas, pero ¿cómo entender el fastidio que le traía vernos con sueños y nuevos proyectos? Por mi parte, los reproches por mi relación con Fer no cesaban; parecía que su fastidio iba en aumento y empezamos a tener grandes diferencias.

Recuerdo una Nochevieja, la última que pasamos en la casa de mi hermano Marcelo, porque al año siguiente se produjo otro varapalo familiar: se separaron después de muchos años de matrimonio. Entre familia y algunos amigos se armó una mesa bien larga en el parque de la casa, bajo el azul cielo minado de estrellas de una calurosa noche de verano. El asado argentino fue el plato principal y Fer preparó unas ricas empanadas. Buen vino, sidra, música y baile para despedir el año. Yo estaba feliz, con el vestido de seda en color rojo con escote en uve y falda amplia drapeada, casi larga hasta los tobillos, que mi hijo me había regalado por la Navidad. Me movía al compás de la música y, aunque Fer no es muy bailarín, se deleitaba viéndome disfrutar y hacía palmas con sus manos.

Mi madre en un momento se me acercó. Estaba muy elegante, con un traje azul de lino de chaqueta de mangas cortas y un collar de perlas blancas en su cuello, aunque su rostro no colaboraba, con su ceño fruncido y su boca apretada. Seguramente, sus dientes sufrían la presión del enfado que traía. Me cogió de un brazo y me llevó hacia un rincón apartado del bullicio de la gente, cerca de la cucha de los perros de mi hermano, y con la voz muy subida de tono me dijo:

—¡Estás borracha, Marita!

Me quedé inmóvil frente a ella. Solo atiné a responderle:

—¿Qué dices, madre? Disfruto de la noche como el resto de los invitados.

Hacía años que mi madre no me veía bailando y riendo a carcajadas. Siempre sentada, mirando al resto cómo se divertía mientras yo dejaba pasar la vida por los celos de Julio. Y ahora debía de estar borracha; si no, ¿cómo era posible que volviera a ser la jovencita de antaño? Aquellos tiempos de mi adolescencia, donde bailar y cantar me llenaban el alma, habían quedado muy lejanos. Mi madre ya no los recordaba. Apoyé mi mano sobre su hombro en tanto le decía:

—Vamos, madre, ven a bailar conmigo. Alegra esa cara, hoy comienza un nuevo año. Que sea con paz y alegrías. Y si hay que beber unas copas más, bienvenida sean…

Rechistó y me siguió, pero regresó a su sitio y se sentó en la misma silla que estaba, con la mirada perdida y en total silencio el resto de la noche.

Pocos días después, saliendo de su casa, con la puerta entreabierta disponiéndome a partir, casi a gritos me dijo:

—No me parece que ventiles a los cuatro vientos tu felicidad.

Me paré en seco, giré mi cuerpo hacia ella, la miré fijamente y atiné a preguntarle:

—¿Por qué te fastidia tanto mi felicidad, madre? Ya veo que hasta con tus amigas reniegas de que me vean bien. Ayer mismo Clara y Josefa se alegraban de verme recuperada y jovial y tú desmereciendo con tus gestos lo que ellas afirmaban.

—Porque yo, por mis hijos, jamás hubiera comenzado otra relación —contestó con enfado.

—¿Y eso a qué viene, madre? —Me quedé confusa un instante y cuando logré reponerme pregunté—: ¿Acaso has tenido la oportunidad de un nuevo amor? De haber sido así, yo jamás me hubiera opuesto a que tuvieses un compañero de vida.

No contestó nada, solo vi que su rostro se teñía de un rojo muy profundo y con un ademán de manos temblorosas me despidió, cerrando la puerta con un golpe a secas casi en mis narices.

Después de tantos encontronazos decidí suspender los almuerzos de los domingos en casa de mi madre, aunque no dejaba de verla a diario y preocuparme por ella. Así aprovechamos los fines de semana para que Juan Manuel y Fernando arreglaran el techo de mi casa, malogrado por las piedras de aquella fatal tormenta que azotó el pueblo unos años atrás. Comenzaron la faena levantando las tejas, totalmente rotas, e impermeabilizando la loza para colocar nuevas. Llevó su tiempo, varios fines de semana abocados a ello. Uno de esos días Fernando se quejó de lo malogrado que estaba el techo.

—Las piedras que cayeron eran como huevos de gallinas —le expliqué—. Miles de huevos de hielo que se acumularon hasta llegar al medio metro. ¡Imagínate!

Fernando dio un martillazo sobre una de las tejas:

—Te creo, Marita, te creo. Ni una teja entera he podido encontrar.

—Ni tejas ni plantas ni animales —me quejé, suspirando y señalando con el brazo extendido la acera al otro lado del jardín—. Todos los coches que no se encontraban a resguardo quedaron destrozados. Pero los animalitos, pobres… Esos sí que se llevaron la peor parte. Desde aquella tarde negra el techo se fue humedeciendo cada día más, pero no había tiempo ni recursos. Todo se centraba en la salud de Julio. La humedad se convirtió en goteras.

Cuando ambos terminaron de poner las últimas tejas estaban extenuados. Fernando, secándose la frente con la manga de la camisa porque tenía las manos sucias, se quedó un rato contemplando el trabajo terminado y luego me besó en los labios:

—Pues esto ya está, Marita. Ahora ya no tienes de qué preocuparte. Espero que no caigan más huevos de hielo que rompan este tejado. —Y guiñándome un ojo me volvió a besar en los labios.

—¡Por fin sin goteras nuestro techo! —exclamé casi a gritos.

Juan Manuel se acercó, sacándose la camiseta sucia, y dijo:

—¿Qué tal si pintamos los cielorrasos de color blanco y las paredes en un amarillo muy tenue?

—Estaría genial, hijo. Resaltará las grandes aberturas de madera de cedro y los ladrillos vistos del exterior —le contesté en tanto me limitaba a sonreírles y con el brazo hacía un ademán para que fijasen sus miradas en las rejas, que blindaban la casa como una cárcel.

La buganvilla había trepado y lucía espléndida sus flores de un rojo profundo. Me consolaba con ello; sabía que las rejas eran de suma necesidad porque la inseguridad en el país seguía más latente que nunca.

A finales del año 2007 llegamos a las nuevas elecciones en el país y, como estaba previsto en las encuestas, ganó la señora Cristina Fernández de Kirchner, esposa del presidente en funciones. Nada más escuchar los comentarios o ver las noticias sabíamos que nada cambiaría en el país: el discurso era el mismo o peor. Seguiría dando subsidios a la gran masa del pueblo que nunca trabajó para sumar votos y fomentar la delincuencia.

Aquella noche, mientras preparaba la cena, el televisor estaba encendido y daba las últimas noticias: «Un matrimonio de jubilados, asesinados para robarles el sueldo».

—¡Otra vez! —exclamé dirigiéndome a Fernando, que estaba ayudándome con los preparativos de la mesa—. ¿Te das cuenta? Es cosa de todos los días, esto no cambia más.

En ese preciso momento Juan Manuel abrió la puerta de la cocina que da al exterior. Regresaba de su trabajo y al entrar comentó a viva voz:

—¿Escuchasteis que le entraron a robar a la familia de la esquina?

—¡Dios mío! —comenté agarrándome la cabeza con mis manos—. ¿En qué vamos acabar con este Gobierno, que no deja de dar subsidios a los vagos en vez de trabajo? Y ni hablemos de la educación; ya son demasiados los desertores y nadie los obliga a ir a la escuela. ¿Qué se puede esperar de esos jóvenes? Es deplorable.

En tanto, Juan Manuel comentaba, mientras se sacaba el abrigo y lo colgaba en el perchero del pasillo:

—¿Y qué decir de la droga? Si en este pequeño pueblo corre como el agua, lo que será en las grandes ciudades.

—¡Realmente lamentable! Y si sumamos la inflación, que no cesa, y los paros generales, dan ganas de salir disparando —agregó Fer, terminando con los preparativos de la mesa para que yo sirviera la cena.

—Es verdad —respondí—. Y para mañana anuncian un paro de camioneros.

Lo comenté así, como una noticia más, sin saber que nos afectaría tanto. Paralizaron el transporte en todas las rutas a lo largo y ancho del país durante siete días. Miles de camiones, en su mayoría de grandes portes, enfilados en largas colas por las extensas rutas y autovías de nuestro gran país.

Hacía poco tiempo que habíamos logrado poner nuestros productos en una cadena de supermercados que abastecía a siete provincias. Obviamente, se perdió todo en los camiones parados en las rutas, perdiendo la temperatura necesaria para la conservación de las verduras y retrasando los próximos pedidos. ¿Cómo reponerse de semejantes pérdidas en los comienzos? Y difícil hacerle frente a la altísima inflación: un día la lechuga costaba tres pesos el kilogramo y al día siguiente doce pesos, por mencionar la verdura, que era uno de los tantos productos con los que trabajábamos.

Comer en un país rico en materia prima como el nuestro ya era un lujo. Abrir la puerta de las neveras en cualquier casa daba ganas de llorar a gritos.

CAPÍTULO 23

Una gran sorpresa

Año 2008

De pronto me empecé a dar cuenta de que mi felicidad y la de mis hijos era lo más importante. Quería luchar por la unión de una familia solo por honrar la memoria de mi padre, que bien se lo merecía, pero ¿valían la pena mis desvelos después de haber vivido tanta adversidad? Me había aferrado a lo material, a lo que fuimos acumulando durante años, pequeñas o grandes cosas, pero el robo era plato de todos los días. Por otro lado, mi casa, que había recuperado todo su esplendor, estaba impregnada del sabor triste de los terribles momentos que habíamos vivido allí. A estas inquietudes se sumó la muerte de mi viejo y fiel perro, que nos dejó desolados una fría tarde de invierno.

En tanto, el trabajo en la empresa de verduras, que comenzamos con tanto esfuerzo, amor y expectativas, empezó a flaquear. Todos los días era un contratiempo diferente. Seguíamos trabajando día a día, codo con codo, pero una idea se iba agolpando en nuestras mentes.

—No sé, Marita, le hemos puesto tanta ilusión a la empresa… Pero a veces me pregunto si servirá de algo —comentaba Fer mientras tomábamos un café en la pequeña oficina de la empresa aquella tarde, revisando albaranes por cobrar y la cantidad de impuestos a pagar.

Él se balanceaba en el sillón giratorio, acomodando el cuello de su camisa blanca. Sus ojos buscaban los míos mientras yo, sentada frente a él, revolvía nerviosa mi café como queriendo ver el futuro en su borra. Cuando levanté la vista y nuestras miradas se cruzaron, con una pequeña mueca atiné a decirle:

—¿Y si nos vamos a vivir a España? —Después de un silencio continué—: Estaba dentro de tus planes, Fer. Si no hubiera sido por mí ya estarías allí.

—Es verdad. Y ahora que lo dices, no es mala idea.

Seguimos con nuestra tarea. Un aire fresco y renovado parecía habernos atrapado.

Sonaba mucho a fantasía, pero a los pocos días empezamos a mirar por internet pueblos bonitos de España y, buscando, Fer una tarde me sugirió:

—¡Mira, Marita! La ciudad de Málaga. El mar Mediterráneo baña todas sus costas, un clima fantástico y tiene universidades por si a Rocío el día de mañana le apetece seguir estudiando.

—¡Sííí, me encanta, es perfecta! —comenté sin dejar de mirar la pantalla del ordenador.

Un día se lo trasmití a Maribel. Hacía pocos meses que mi hija había contraído matrimonio con Marcos y ya tenían su propio hogar, su profesión y trabajo.

Una tarde, mientras tomábamos un café en la sala de casa, le mostré en el ordenador lo bella que era Málaga y manifesté mis inquietudes. Ella me respondió entre risas:

—¡Madre, qué locuras dices!

Y cuánta razón tenía, era una locura, pero cada vez que cerraba los ojos soñaba con volar, cambiar de aire.

Al enterarse Juan Manuel de mis pensamientos tuve que frenarlo para que no fuera a hacer las maletas. Estaba en Argentina por el triste desenlace de su padre y no regresó a Europa por no dejarnos solas. Así, por las noches o los domingos que nos juntábamos en casa estábamos todos frente al ordenador, soñando con Málaga.

Un domingo mi hija y su marido venían almorzar a casa. Mientras los esperábamos, Fernando y mi hijo arrimaron la leña a la parrilla y encendieron el fuego para que poco a poco las brasas estuvieran listas para asar la carne. Fer se encargó de la barbacoa mientras yo preparaba unas buenas ensaladas y le sugerí a Juan Manuel que cortase un poco de salami y queso. Él, muy dispuesto, puso un mantel en la mesa pequeña del quincho, cerca del asador, y lo ordenó todo, con las copas listas para tomar un fernet con cocacola apenas llegara su hermana mayor. Mientras tanto, Rocío jugaba en el jardín y de tanto en tanto la escuchaba reír con Fernando. Era una cálida mañana otoñal.

No tardaron en llegar Maribel y Marcos. Mientras disfrutábamos del aperitivo, el olorcito del asado nos preparaba para un buen almuerzo.

Después del postre nos acomodamos en el salón para beber un buen café. Un rayo de sol se colaba por el ventanal. Me levanté del sofá y corrí la cortina para que no molestase porque, como ya era costumbre, abrimos el ordenador para deleitarnos con paisajes de Málaga. Y entre sueños, comentarios y risas notaba lo inquieta que estaba Maribel, que repentinamente se paró delante de todos y suplicó:

—Un minuto de atención. Tenemos algo muy importante que comunicarles. —Nos quedamos en silencio con las miradas fijas en ella. Mi hija giró su rostro buscando la mirada cómplice de su marido, pasó sus manos por su cabello y lo alisó. Con un suspiro profundo, volvió su mirada hacia nosotros y continuó diciendo—: Marcos y yo hemos decidido que a más tardar en dos meses, el tiempo que nos lleve ordenar algunas cosas, sobre todo en nuestros trabajos…

Se quedó callada, un pequeño paréntesis que para mí fue eterno, y tomó la palabra su marido, que sin moverse de su sitio y sin más rodeos aclaró:

—¡Viajar a España! Y quedarnos a vivir en Málaga.

Nos quedamos perplejos, salvo Juan Manuel, que de un brinco saltó del sillón, se acercó a su hermana y casi gritando comentó:

—Yo parto con vosotros, hermanita. No sabes cuánto lo deseo.

En el momento quedé sin palabras, pero cuando logré asimilar lo que acababa de oír pensé que era lo mejor que me podía estar pasando. Si ellos tomaban la delantera, estaríamos más cerca de concretar el sueño de volar.

Fueron dos meses estresantes. Me pesaba la partida de mis hijos, pero estaba dispuesta a hacer todo lo posible para que en poco tiempo partiéramos detrás de ellos.

Y llegó esa mañana fría de invierno, cuatro grados bajo cero. La gran helada que cayó dejó la acera como pista de patinaje y mis plantas, aun las que había cubierto por la noche, todas quemadas. En el aeropuerto de Córdoba había mucha gente muy arropada por el frío. Algunos iban con prisa; otros, felices y relajados por las vacaciones invernales; y tantas caras tristes por la masiva emigración, que no cesaba en el país.

Éramos una multitud entre amigos y familiares que iban a despedirlos. Mis sobrinos, que se encargaban de las maletas, hacían comentarios graciosos como para aflojar las tensiones, sobre todo a las abuelas, que lamentaban la partida de sus nietos. Mi hermano Marcelo le alborotaba con sus manos el cabello largo y rubio a Juan Manuel en tanto le comentaba:

—Y te das con el gusto de regresar a Europa.

—Sí, tío, estoy feliz. Deseaba tanto este momento… —respondió con una sonrisa Juan Manuel, acomodándose la mochila que llevaba en su espalda.

—Los vamos a extrañar mucho, pero les deseo lo mejor. —Y terminaron en un entrañable abrazo al que se sumó mi hermano Miguel. Lágrimas rodaban por sus mejillas.

Fernando consolaba a Rocío, a la que tenía colgada de uno de sus brazos, mientras estiraba su otro brazo para cogerme del hombro y acurrucarme en su pecho amplio y fuerte, que para mí era un remanso de paz, en tanto me susurraba:

—Nada de llanto. En poco tiempo estaremos en este aeropuerto para embarcarnos nosotros también rumbo a Málaga.

Yo estaba convencida de ello y por eso me mantuve firme y serena mirando al cielo, donde los grandes nubarrones colaboraron para que al despegar el avión pronto se perdiese de vista.

Recibimos noticias de mis hijos apenas se acomodaron en el piso que alquilaron para vivir los tres juntos, del cual me comentaba Juan Manuel por teléfono:

—El piso es muy pequeño, madre. Tiene un solo dormitorio, por lo que yo tengo que dormir en el sofá de la sala con cocina incluida, pero es acogedor y se encuentra muy cerca del centro de

Málaga. Y por suerte ya tenemos todos los papeles de residencia gracias a tener nacionalidad italiana. Qué razón tenía el abuelo cuando nos inició todos los trámites y nos dijo que nos dejaba como herencia ser ciudadanos italianos.

—Es verdad, hijo. Y pensar que es lo único que tu padre le cuestionó a tu abuelo porque no lo veía correcto…

A pesar de que llegaron a España en el comienzo de una gran crisis, así y todo, paulatinamente, los tres consiguieron trabajo y nos hablaban maravillas de Málaga en las largas charlas por teléfono o por cámara web. Y yo soñaba con el día que me tocara preparar mis maletas.

CAPÍTULO 24
La despedida

Finales del año 2008, principios de 2009

Difícil tarea me esperaba. ¿Cómo decirle a mi madre que en pocos meses partiríamos detrás de mis hijos? Una tarde me armé de coraje y, decidida a hablar con ella, me fui andando hasta su casa. Mientras caminaba mirando lo rota que estaba la acera, solo pensaba en la mejor manera de decírselo. Al llegar encontré a mi madre sentada en un sillón del jardín de la casa, arrimé otro sillón y me senté junto a ella. La primavera estaba llegando a su fin; después de las últimas lluvias, la hierba se había puesto bien verde y las hortensias comenzaban a florecer.

—Qué bonitas están las flores, madre.

—Sí, pero yo, con el dolor en mis rodillas, ya no puedo encargarme del jardín. Además, en este tiempo, con tanta humedad, mis huesos están fatal.

Terminamos hablando de quién se había muerto en el pueblo y luego los incómodos silencios de siempre. Pero ahora mismo debía hablarle de mis intenciones de emigrar y empecé por darle las buenas nuevas de sus nietos.

—¿Sabes, madre? Ayer me llamaron mis hijos, están muy contentos. Dicen que Málaga es muy linda, con muy buen clima y, lo mejor, que ya tienen trabajo. Y por cierto, te mandan mucho cariño.

Ella no dijo nada, solo movía su cabeza como afirmando lo que yo decía. Ninguna pregunta, silencio total, me resultaba difícil sacar el tema. Sin quererlo, mi madre había colaborado para que yo tomase la decisión de volar; sus reproches se me agolpaban en la cabeza, pero no quería culparla de nada, solo ir preparándola para que se hiciera a la idea de mi partida.

Acomodé mi postura en el sillón, aclaré mi garganta mientras frotaba mis manos, el corazón me iba a mil. Estaba por pronunciar algo muy doloroso para ella, y para mí también. A pesar de todo, me costaba dejarla. Ella me miraba desafiante con sus ojos negros muy abiertos. Más miedo me daba, pero respiré profundo y comencé a hablar:

—Quiero contarte que pronto… —Me quedé pasmada; interrumpió la frase y continuó hablando ella en un tono de voz muy subido.

—Ya lo sé, te vas a ir detrás de tus hijos y me vas a dejar sola y enferma, con mis dolores de huesos, que ya no puedo más. Solo te importa mi herencia —terminó gritando y descontrolada, con tanto ímpetu que tiró al suelo el sillón del jardín al levantarse y deprisa entró al salón de la casa, cerrando la puerta principal de un manotazo.

Cerré mis ojos, tragué saliva, me puse de pie muy despacio y conté hasta diez. Levanté el sillón, lo puse en su sitio y amagué seguirla, pero a pocos pasos pegué la vuelta. «¿Para qué discutir lo irracional?», pensé. Bajé los escalones que separan el jardín de la acera y como una sonámbula caminé rumbo a mi casa mientras sus duras acusaciones retumbaban en mi cabeza, dándoles más sentido a mis ansias de volar.

Los preparativos para la partida se fueron perfilando por buen camino. Rocío terminó la escuela con muy buenas notas y pedimos el pase para que siguiera sus estudios en España. En tanto, se presentó un posible comprador de la empresa de verduras. Solo había que limar algunos detalles. Yo hablé con una inmobiliaria para que pusiera en alquiler mi casa y fuimos a por los pasajes, dejando los tres reservados para una fecha determinada. Qué poquito faltaba… y cuántas cosas tenía que hacer. La ilusión movía mis pasos y mis manos se agilizaban. Por ello, esa tarde lluviosa de verano Rocío me ayudaba a embalar tantas cosas que se juntan en años viviendo en la misma casa. Las dos nos reíamos por las ocurrencias de Fer de qué hacer con tantos trastos.

De repente sonó el móvil de Fernando y las dos callamos en tanto él contestaba la llamada. El interlocutor hablaba muy fuerte, hasta podíamos escuchar ambas lo que le decía, y en mi rostro se fue notando poco a poco mi disgusto, y más cuando Fer terminó la conversación diciendo:

—Mañana mismo viajo para Buenos Aires.

Un silencio profundo reinó en el ambiente. No hacía falta que explicase nada, ya habíamos escuchado.

Fernando, en el último año, había gestionado un nuevo proyecto con el Ministerio de Fomento y Desarrollo de la nación. Se trataba de cultivar las verduras en invernaderos de plantaciones en hidroponía; claro que no estaba dentro de nuestras posibilidades económicas. Como el Gobierno se jactaba de ayudas a nuevos emprendimientos, Fer presentó un estudio minucioso al respecto, del cual no cesaban de pedir más fichas técnicas y trámites, siempre alentándolo, pero no concretaban nada, al punto de que ya se daba todo por perdido. Y ahora, después de tanto tiempo, llamaban para decir que habían aprobado su proyecto. Pero no era la primera vez que lo entusiasmaban y después todo quedaba en la estacada.

Yo estaba sentada en el suelo de la cocina con varias cajas a mi alrededor donde iba guardando todo lo que fuera menester. De un manotazo las dispersé, levantándome como una flecha para implorarle a Fer, que estaba de pie frente a mí:

—¡Abandona todo, por favor! Esto te lo han dicho en varias oportunidades y luego nada. Malgastas tiempo y dinero.

—No puedo, Marita. ¿Y si esta vez es verdad? Tengo que dejar esto zanjado antes de viajar. Vete tú con la niña primero y cuando termine de montar todo yo me reuniré con vosotras.

Yo no daba crédito a lo que estaba escuchando.

—Eso te llevará mucho tiempo.

La discusión fue subiendo de tono. Era la primera vez en cuatro años que discutíamos acaloradamente. Rocío se nos acercó llorando. Con su llanto calmó nuestro encontronazo y, más tranquilos, comenzamos a dialogar. Mientras los latidos de mi corazón se iban regulando, Fernando apoyó sus manos en mis hombros, haciéndome unos suaves masajes.

Días más tarde, cuando Fer regresó de Buenos Aires, ya lo tenía decidido.

—Me quedaré en el país un tiempo más. Las expectativas son buenas y se puede vender la empresa a más valor.

Totalmente desolada, no me quedaba más que preparar las maletas y partir con Rocío. Juan Manuel ya tenía alquilado el piso para nosotros en Málaga y mi casa estaba comprometida para entregarla en alquiler en unos días.

Mi madre se mofó de mí deliberadamente cuando supo que Fer no viajaba con nosotras y tuve que escuchar tantas majaderías que para no partir enfadada con ella hice oídos sordos. Una mañana, en la cocina de la casa de mi madre, estábamos las dos tomando unos mates, quizás ya los últimos que compartiríamos, pero la tensión no aflojaba. Un profundo silencio reinaba en el ambiente cuando sonó el timbre de la puerta. Era mi tío, que venía a despedirnos, el único hermano de mi padre que quedaba vivo en Argentina. Empecé a contarle los pormenores de mi viaje y afloró mi pena porque Fer no viajaría con nosotras.

Él me dio una palmadita en los hombros; estaba muy cabizbajo y noté su delgadez en el poco tiempo que llevaba de no verlo. La camisa azul y el pantalón gris le quedaban muy grandes. Con un tono de voz muy bajo y pausado me dio su parecer. Para mí fue como si en ese preciso momento escuchara la voz de mi padre:

—Marita, viaja tranquila y deja que Fernando termine lo que tiene en mente; si no, se quedará siempre con lo que pudo ser y en lo sucesivo te lo puede echar en cara. Sé paciente; él te quiere y pronto se reunirá contigo. Te lo digo yo, que recién casado con tu tía me vine a este país y ella tuvo que esperar dos años para reencontrarnos y llegó a esta tierra en compañía de tu padre y fuimos muy compañeros hasta su muerte. ¡Dios mío, hace solo cuatro meses! —exclamó desalentado—. Y ya ves, sobrina, las vueltas de la vida: mis dos hijos viven ahora mismo en Italia, cerca de mi pueblo. Estoy pensando en reunirme con ellos en poco tiempo.

Y con los ojos llenos de lágrimas levantó sus brazos y con sus manos temblorosas se agarró la cabeza. Terminamos en un gran abrazo. Yo consolaba su tristeza y él me daba fuerzas para remontar mi vuelo.

Mientras, Rosa, de frente a nosotros sin decir palabra sentada en su mecedora, movía con furia las agujas del tejido de punto. Un rayo de sol entraba por la ventana y hacía ostensible el disgusto en su rostro. Me apenaba mucho dejarla con tanto resentimiento en su corazón, pero no había manera de comunicarnos.

Y llegó el día de la despedida. Maletas en mano, entregué las llaves de mi casa a los inquilinos y una pena muy profunda movilizó mis entrañas. Recorrí en silencio cada rincón de mi casa y tantos recuerdos afloraron en mi mente. No sabía bien hacia dónde me llevaba el destino, pero me reconfortaba el reencontrarme con mis hijos.

Antes de ir al aeropuerto, Fer me llevó hasta la casa de la mamá de Julio. Allí nos esperaban también sus hermanas y fue un momento muy emotivo. Entre sollozos la abuela de mis hijos me recomendaba:

—Cuídate, hija mía, y cuida mucho de mis nietos. Te voy a echar tanto de menos. A saber si nos volveremos a ver, yo ya tengo mis años.

—Claro que sí. Regresaremos para visitaros o vosotros viajaréis a Málaga.

—Yo te prometo que en cuanto pueda los visitaré —comentó la hermana mayor de Julio en tanto nos fundíamos en un fuerte abrazo.

Y entre llantos y buenos augurios salí de la casa secándome los ojos, sonándome la nariz y prometiéndome a mí misma que no lloraría más en el transcurso del día, ya que a Fer no le gustaba verme flaquear. Sabía que para él, a pesar de que era su decisión quedarse, no era fácil vernos partir.

En la sala del aeropuerto había poca gente. Unos niños correteaban y pegaban voces y unos abuelos muy ancianos lloraban sin consuelo la despedida de una nieta.

Como me lo prometí, no hubo llantos. Abracé y besé fuerte a mi madre, que se mantenía firme como una roca, sin decir palabra. No quería pensar en cuánto dolor llevaría ella por dentro, que solo lo expresaba con irónicos gestos.

Al abrazar a mi hermano Marcelo le susurré al oído:

—Cuida de nuestra madre. Sabes cuánto te quiero y cuánto los voy a echar de menos.

Cuando me tocó despedirme de mis sobrinos casi me hacen aflojar; tuve que respirar profundo y poner mi mente en blanco para no llorar.

Y llegó el momento. Entre mis manos tenía el rostro de Fernando. Nos besamos tiernamente y él despacito me dijo:

—Es por poco tiempo.

—Eso espero, amor —le respondí ya casi sin fuerzas para contenerme.

Deprisa tomé la mano de Rocío mientras ella con la otra seguía saludando y tirando besos. Avanzamos hasta llegar al largo pasillo que nos llevó al avión. Allí las lágrimas cubrieron mis mejillas y sentí una sensación de ahogo en el pecho, pero ya solo mi niña me podía ver y ella tiernamente me consolaba.

CAPÍTULO 25
La bella Málaga

Del año 2009 a los primeros días de 2011

Desde mi llegada a Málaga se fueron sumando días a una larga espera y en tanto el tiempo fue pasando en esta maravillosa ciudad despedimos el invierno y afloró la primavera. Llegó la Semana Santa, la fiesta de las cofradías, con sus tronos imponentes y llenos de pasión, unos con su Cristo, otros con su Virgen y su larga procesión de nazarenos, monaguillos, bandas musicales y fieles que cumplen promesas, dejando en el aire olor a incienso y ese sentir pasionario que tienen los andaluces, que te llega hasta lo más profundo y, aunque no seas muy devoto, te sumas a su cultura como uno más. La primavera malagueña se fue asomando con sus ricos aromas. El olor a jazmín predomina en las tardecitas, se caen las naranjas y brotan los azahares, hay flores por todos los parques y balcones y la buganvilla, siempre en flor, cuelga de todos los muros haciendo cascadas de colores. Tras casi dos años viviendo en tierra malagueña, los días soleados y la brisa del mar me reconfortaban a pesar de la tristeza que llevaba por la larga espera del hombre amado. Más de una vez tuve que secar mis lágrimas mientras caminaba sola por las calles de la ciudad, que ya sentía como mía, y cuando llegaba a mi casa rápido encendía el ordenador y la cámara web para comunicarme con Fer y contarle los sucesos del día.

—No sabes lo alborotadas que estaban las gaviotas en el mar. Y si vieras el atardecer… Los rayos del sol se reflejan en el mar y se va ocultando detrás de la montaña, pintando todo de color naranja. ¡Es muy bello! No veo la hora de que lo contemplemos juntos, querido mío.

Yo guardaba la esperanza cada día de tenerlo a mi lado. Y una noche como tantas otras, mientras nos comunicábamos a pesar de la figura un poco distorsionada por el efecto de la cámara, pude apreciar en el rostro de Fer su malestar. Le costaba decirme lo desilusionado que estaba y el tiempo que venía desperdiciando, pero su orgullo no lo dejaba confesar su hartazgo. Recuerdo que esa noche se despidió con estas palabras:

—Estoy pensando en remontar el vuelo.

Mi corazón se llenó de ilusión, pero los días pasaban y seguía esperando, recorriendo la bella Málaga, que día a día iba cambiando y yo era testigo de sus cambios en mis largas caminatas, viendo sus avances a pesar de la crisis, mirando hacia el levante y viendo atracar los cruceros y la magnífica obra que se perfilaba en el puerto.

Los malagueños siempre tienen motivo para festejo, como la feria de Málaga, donde me sumaba al baile con los grupos de gente mayor que hacen sonar sus panderetas y las mujeres, vestidas de gitanas, bailan y cantan al ritmo del flamenco a pesar del agobiante calor que acecha en el mes de agosto.

Y entre días soleados con mar en calma y pocas lluvias pasamos el otoño y llegamos a las fiestas navideñas. La deslumbrante calle Larios vestida de fiesta, con sus luces multicolores y abarrotada de gente para contemplarlas.

Así llegue a la segunda Nochebuena sin Fer. Me senté en el sofá y escuché el discurso del rey Juan Carlos para luego ocupar la cabecera de la mesa, cubierta con un mantel rojo, la mejor vajilla y un bello centro de mesa que había armado Juan Manuel con ornamentos navideños. Satisfecha contemplaba la felicidad y el bienestar de mis hijos y una sonrisa se dibujó en mi rostro. Al hacer sonar nuestras copas sugerí:

—Brindemos porque hay salud, trabajo y armonía en esta bella ciudad tranquila que nos arropa. —Y todos se sumaron a ello con alegría.

Un árbol navideño bien grande lucía en el salón del piso, con muchos regalos para todos. En mi mente revoloteaba un pensamiento, que el regalo más grande sería tener a Fer junto a mí, pero guardaba mi pena y sonreía. El mismo deseo palpitaba en mi corazón después de las uvas en Nochevieja. Comenzaba el año 2011. Y llegó el Día de Reyes. Esa tarde caminé hacia el centro de la ciudad; como el año anterior, me impresionó la cantidad de gente con paraguas del revés para juntar los miles de caramelos que lanza a la multitud la cabalgata de los Reyes Magos y, agachada entre la gente, ayudé a juntar caramelos a los niños.

La brisa fresca de esa noche pegaba en mi rostro mientras regresaba a mi casa. El invierno malagueño es muy placentero. No podía dejar de pensar mientras caminaba en los fríos inviernos que había pasado en mi pueblo, allá en Argentina. Al llegar a mi hogar, como siempre, encendí el ordenador y la cámara web. Fer esa noche esperaba muy ansioso y casi sin saludar me dijo:

—¡Mira, Marita! —Un papel se empezó a dibujar en la pantalla del ordenador. Cuando fijé mi mirada y alcancé a leerlo, los ojos se me llenaron de lágrimas y grité de felicidad.

—¡Es el pasaje a España, Fer!

—¡Sí! En pocos días nos vamos a reencontrar —dijo sonriendo—. Me cansé de esperar y creer en las mentiras del Gobierno. Al final llevabas razón, fue tiempo perdido. Ahora estoy juntando mis cosas para partir.

Yo en ese momento me tragué los reproches porque me sentía feliz, pero llevaba dos años esperándolo.

—Y hay algo más, Marita. ¡Bueno, si te apetece! —comentó tímidamente. Más papeles se dibujaron sobre la pantalla del ordenador, que yo no llegaba a entender—. Son los certificados para que al llegar a Málaga nos podamos casar y vivir juntos.

Pasando mis manos por las mejillas para secar mis lágrimas y con un nudo en la garganta, solo atiné a decirle:

—Menudo regalo de Reyes.

CAPÍTULO 26
El reencuentro

Años 2011-2012

Dos años esperando ese día: a las siete de la tarde llegaría el vuelo de Madrid a Málaga, el avión que traería hacia mí a Fernando.

Me levanté muy temprano, me era imposible dormir con tanta ansiedad. Me arropé con mi bata. La mañana estaba fresca, pero pintaba ser un lindo día soleado, bien malagueño. Me preparé el desayuno, con mi buena taza de café con leche, y me senté frente al televisor a ver las noticias del día. Quería, de alguna manera, por un rato, sacarme de la cabeza cómo sería el reencuentro. Al momento sonó mi móvil. Era Juan Manuel desde París:

—¡Buen día, madre! Me imagino cómo estarás de ansiosa… Te cuento que estamos desayunando frente a la Torre Eiffel. Rocío te manda un beso enorme. Mañana temprano vamos para Disney París. Saluda a Fer de nuestra parte. Un beso grande. ¡Te queremos!

—Cuídense y disfruten del viaje. Nos vemos en cuatro días. Los quiero —terminé diciendo y cortamos la comunicación.

En el transcurso del día tocaba preparar todo para una buena cena con la que agasajar a Fer a su llegada e impresionarlo con todo lo que se puede comprar en Málaga para hacer exquisitos platos bien decorados, como a él le gusta prepararlos, y sin gastar tanto dinero, lo que en Argentina era misión imposible.

El sol relucía en todo su esplendor en ese día festivo donde Andalucía era la protagonista. Antes de las seis de la tarde por fin sonó la campanilla del portero eléctrico. Era Maribel, que venía a buscarme:

—Madre, todavía no es la hora, pero no hay sitio para aparcar. Si estás preparada, baja y vamos tirando para el aeropuerto.

Cogí el bolso y mi abrigo de paño negro. Antes de salir volví a mirarme al espejo; los pantalones ajustados resaltaban mi figura y la camisa blanca un tanto desprendida dejaba ver la silueta de mis pechos. En el espejo del ascensor acomodé un mechón de mi cabello.

La distancia de mi casa al aeropuerto es de unos veinte minutos. Me sudaban las manos, me temblaban las piernas, el viaje se me hizo eterno, me parecía que los coches no tenían ninguna prisa por avanzar. Teníamos tiempo de sobra, pero yo quería llegar. Y cuando por fin estaba en la terminal, mirando el panel de horarios de llegada de los vuelos, deseaba mover las manecillas del reloj, avanzar el tiempo. No podía más con mi ansiedad. Y por fin, cargando un carrito con varias maletas, apareció Fer entre la multitud de gente que arribaba de Madrid.

No pude esperar más; corrí a sus brazos atravesando la puerta, por la que en teoría no se puede pasar, y nos fundimos en un abrazo. Él con sus besos secaba las lágrimas que corrían por mis mejillas mientras murmuraba despacito:

—Ya estoy aquí, ya estoy aquí… Ya estamos juntos.

Dos semanas más tarde estábamos ambos presentando todos los papeles para la boda frente a la funcionaria del Registro Civil, quien nos informó:

—Aparentemente, está todo correcto. De ser así, en unos días los llamaremos para concretar la fecha.

Y así fue. A la semana siguiente nos llamó y muy amablemente nos preguntó:

—La fecha más próxima es el día 13 si les apetece. Si no, tendrán que esperar un poco más.

—Ningún problema. Será ese día —contestamos a dúo.

Faltaban pocos días, pero nos daba tiempo para comprar la ropa adecuada para una boda sencilla, que mis hijos pidieran permiso en sus trabajos para poder asistir y comunicarlo al resto de la familia solo por cortesía, porque estando lejos nadie podría venir.

En cuanto me armé de coraje llamé a mi madre. No era de extrañar mi llamada, porque cada ocho o diez días le hablaba por teléfono para saber cómo se encontraba. Si bien nuestra conversación era fría y distante, yo no dejaba de preocuparme. Sabía que ella sufría por mi ausencia. Pero en esta ocasión iba a tocar un tema tabú, de lo que nunca se hablaba, mi felicidad. Y así fue: cuando le dije el día y la hora de la boda hubo un largo silencio, hasta pensé que se había cortado la comunicación. De pronto escuché su voz y sentí un dolor profundo en el pecho.

—Bueno, que seas feliz. —Sonó a bronca más que a buenos deseos y ahora sí la comunicación se cortó porque del otro lado del tubo habían colgado.

Y llegó el gran día. Recuerdo que tenía turno en la peluquería a las diez de la mañana. Iba bajando las escaleras, los ciento cincuenta y cuatro escalones, y me encontré con una señora del barrio. Cómo sería mi cara que me preguntó:

—¿A dónde vas con tanta felicidad?

—A la peluquería —respondí—. En unas horas me caso con el hombre que amo. A mis cincuenta y cuatro años soy feliz, inmensamente feliz.

—No hace falta ni que lo digas, mujer. Se te nota en la cara. —Y terminó dándome su bendición.

La boda fue en el Registro Civil de Málaga. Fer estaba muy elegante con su traje azul oscuro y la corbata en tono crema, como la combinación entre negro y crema de mi vestido con chaqueta y mi larga cabellera, recogida con un tocado del mismo color crema. María, la dueña del piso donde vivíamos, con la cual desde un principio nació una gran amistad, fue, junto con Juan Manuel, testigo de la boda. Cuando regresamos a casa nos esperaba un gigante ramo de rosas con una tarjeta deseándonos felicidad de parte de mis tíos y primos de Italia. Y tantas llamadas de Argentina felicitándonos. Pero el gran día pasó y me quedé esperando la llamada de mi madre, que nunca llegó.

Los primeros meses recorriendo Málaga de la mano de Fernando, mostrándole cada rinconcito que había conocido mientras esperaba por él, me parecía estar en un sueño del que nunca deseas despertar en tanto Fer repartía currículos o buscábamos por internet alguna idea de qué hacer para poder trabajar juntos. Se nos presentaron diversas opciones, pero llegando casi a fin del año todavía no teníamos bien claro qué hacer. Una tarde le dije:

—¿Y si mientras analizamos las propuestas que tenemos viajamos a Italia? Sabes, Fer, que siento la necesidad de pasar unos días en Villa. Sé que nos servirá para recargar energías y aclarar las ideas. Además, conocerás el pueblo de mi padre y a la familia.

—Si a ti te parece, Marita, yo encantado —me susurró Fer al oído, abrazándome—. Cuanto antes mejor. Al regresar nos urge tomar una decisión.

A mediados de la semana ya estábamos rumbo a Italia, dos horas y media de vuelo de Málaga a Milán. Nos esperaban en el aeropuerto de Malpensa la hermana menor de mi padre y su hijo Arturo, con el cual Fernando hizo migas rápidamente. Cargamos las maletas en el maletero del coche y Fer se acomodó en el asiento delantero con mi primo, quien conducía y comentaba a la vez sobre la belleza del camino a su andar. En el asiento trasero la tía cogía mis manos entre las suyas y de tanto en tanto, con su cálida mirada y su dulce voz, repetía:

—*Cara mia…*, *cara mia*.

Durante el camino hasta llegar al pueblo no paramos de reír con las ocurrencias de Arturo y Fer, que se entendieron muy bien. Los dos tienen ese arte de hacer reír.

Y como siempre, cada vez que llego al pueblo, toda la familia se reúne. En esta ocasión tocaba la vieja casona de una de mis tías. Al entrar a la amplia sala, con suelos de madera y techos muy altos, no te imaginas encontrar una decoración moderna y funcional y una larga mesa servida donde había fiambres, quesos, pastas, chocolates, buen vino y lo que nunca falta cuando se junta la familia: el cantar a coro a capela.

—¿Qué te pasa, Marita? —preguntó Fer abrazándome, viendo que no podía contener el llanto.

—No puedo evitar transportarme a mis años de niña y adolescente, escuchando a mi padre cantando —le respondí, sonándome la nariz con el pañuelo blanco que sacó del bolsillo trasero de su pantalón de gabardina azul.

Después de la comida fuimos a caminar por el pueblo. Estábamos muy abrigados porque el frío azotaba. Mi marido me acomodaba la bufanda y el gorro que llevaba puestos mientras apoyaba sus labios en los míos y me achuchaba para que no temblara. Estaba fascinado con las vistas de los Alpes y el recibimiento de toda la familia. Por la noche nos tocó dormir en una habitación muy antigua, con los techos altos con vigas de madera. En el centro colgaba una lámpara de hierro forjado que, a pesar de su gran tamaño, daba poca luz. Una ventana-puerta daba paso a un pequeño balcón. La abrimos para ver el paisaje, pero ya nada se veía. Estaba muy oscuro y el cielo aún más, no había estrellas en el firmamento.

El mobiliario era antiguo, pero muy bien conservado. El respaldo de la cama era de madera caoba, muy alto y con labrados a mano muy rústicos. Después nos enteramos de que era la cama que utilizaron mis abuelos en sus años de matrimonio y que aún la atesoraban. En una de las esquinas un hogar encendido calentaba el ambiente y dos sillones muy confortables sobre una mullida alfombra se encontraban de frente para dar lugar al reposo contemplando la hoguera. Fue una noche placentera con el calorcito del hogar y el chisporroteo de las llamas. Al levantarme por la mañana cogí mi bata y, mientras Fer se desperezaba en la cama, abrí la ventana.

—¡Levántate, Fer! Mira qué belleza, está todo blanco de nieve. —Mis gritos sonaban tan fuerte como las campanadas de la iglesia del pueblo. Había nevado con fuerza toda la noche y seguía nevando. Fer de un salto salió de la cama y los dos, abrazados y muertos de frío, contemplamos el bello paisaje—. ¡Es la primera vez que veo tanta nieve junta! —le dije eufórica a mi marido

No paró de nevar en los sucesivos siete días que estuvimos, pero lo disfrutamos mucho. Claro que el problema lo tuvimos cuando cogimos el avión para regresar a Málaga. Hasta que le quitaron la nieve y limpiaron la pista para poder despegar nos llevó unas cuantas horas de espera.

A nuestro regreso a casa se nos fueron aclarando las ideas. Por la mañana, al levantarme, me senté en el sofá con mi taza de café con leche. Aún llevaba el pijama puesto cuando me arrimé a Fer, que vestía vaqueros y una camisa verde. Ya había desayunado y tenía sobre la mesa ratona de vidrio el ordenador encendido, donde se dejaba ver una de las propuestas que más le apetecían de momento. Entonces me dijo:

—¿Qué te parece, Marita, si rentamos el traspaso de este restaurante —me mostraba las fotos de un *camping* cerca del Caminito del Rey— y lo convertimos en una típica parrillada argentina?

—¡Fantástico! Y te podrás lucir con tus ricas empanadas y yo estaré a tu vera, ayudándote en lo que sea menester. —Me levanté del sofá, lo besé en la frente y terminé diciendo—: Me voy a vestir y nos ponemos en marcha. No hay tiempo que perder.

Poco menos de un mes después, con la ayuda de mis hijos los fines de semana, abrimos las puertas del restaurante y desde un principio nos fue muy bien. Se trabajaba mucho, pero el ambiente era bastante distendido y podíamos disfrutar de la naturaleza del bello lugar.

Lo único que con el tiempo fue apocando mi tranquilidad era el constante anhelo de Fer por nuevos emprendimientos. Yo no veía mal reinventarse, pero me empecé a dar cuenta de que cuando lograba que algo funcionase se despreocupaba y su pensamiento se situaba en algo nuevo y diferente. A veces lo discutíamos y otras tantas lo dejaba pasar, pero afloraban en mi mente los dos años separados a causa de sus proyectos.

A los tres años dejamos el *camping* para montar otro restaurante en la costa.

CAPÍTULO 27
Los reveses de la vida

Años 2013-2014

La vida transcurría en buena convivencia familiar en una bella ciudad donde se puede soñar. A pesar de la crisis, España es un país maravilloso. Caminábamos por las calles tranquilos, sin miedo y sorprendiéndonos cada día de que las cosas costasen lo mismo mes a mes, año a año. Nosotros, que habíamos vivido en una eterna crisis política y social, remando con una altísima inflación y últimamente con la gran inseguridad, encontramos en esta tierra el sosiego que tanto anhelábamos.

Finalizando el mes de agosto, un domingo estábamos en bañador tirados en la arena, disfrutando del sol en la playa de la Malagueta, cuando se me acercó mi hijo y de cachondeo me dijo:

—Madre, estás engordando de tripa.

—Es verdad, hijo. Hace días que lo estoy notando. Será la edad, que no perdona —le respondí, siguiéndole la gracia.

Mi cuerpo es menudo, mido un metro cincuenta y siete, aunque, como me decían mis compañeras en los tiempos de instituto, «kiosquito pequeño, pero no falta de nada». A pesar de que siempre fui de buen comer, nunca excedí mi peso, ni aun después de los embarazos. En las últimas semanas venía notando que mi vientre perdía su forma, pero como no sentía nada extraño, salvo que me cansaba con más facilidad, lo asociaba a la edad y, aunque hacía varios años que se me había retirado la regla, igual se me antojaba que era efecto de la menopausia. Pasaban los días y no le daba mayor importancia. Una noche, al acostarme boca arriba sobre la cama de nuestra habitación, apoyé mis manos en mi vientre y algo extraño palpé. No le dije nada a Fer, que estaba a mi lado. ¿Para qué preocuparlo? Toqué la perilla del velador y, quedando el cuarto oscuro, me acomodé abrazadita a mi esposo para dormir, pero en mi mente no dejaba de dar vueltas a mil preguntas.

Y así, en la tarde del día siguiente, cuando Fer ya estaba en su trabajo, sin decir nada a nadie me encaminé hacia el ambulatorio. Cuando entré a la consulta mi médico de cabecera estaba sentado detrás de su escritorio, con su bata blanca y la gran sonrisa que lo caracteriza.

—¡Hola, María! Toma asiento. —Siempre me cambia el nombre, pero ya lo dejo, no hay manera.

—¡Hola, doctor! —Me senté y esperé a que él tuviese mi historial en el ordenador y cuando fijó su vista en mí comencé hablar—: Doctor, hace pocos meses me pedisteis hacer unas analíticas y todo estaba muy bien, pero anoche, acostada en mi cama, puse mis manos en mi vientre y noté algo extraño.

—A ver, recuéstate en la camilla y suéltate el pantalón. —me respondió el doctor. Cuando sus manos palparon mi vientre los gestos del doctor cambiaron. Ya no sonreía. Presionó mi vientre, soltó, volvió a presionar y me preguntó—: ¿Te duele?

—No, doctor. No me duele nada.

—Pues María, acá tenemos un mioma muy grande.

—¿Y eso, doctor, puede ser grave? —pregunté un tanto confundida. Contestó tranquilo, como queriendo aliviar tensiones.

—Es probable que sea grande y aparatoso, pero que no tenga malignidad. De todos modos, te hago un pedido de urgencia para una ecografía en el Hospital Materno.

Y con su habitual sonrisa y cordialidad el doctor me despidió en la puerta de la consulta, alentándome a que todo saldría bien.

De regreso, mientras caminaba las pocas cuadras que separan el ambulatorio del piso donde vivimos y subiendo las interminables escaleras, mi preocupación se centraba en la cirugía, que seguramente no escaparía de ella, pero con un pensamiento sumamente positivo me negaba a pensar en algo malo.

Cuando llegué a casa, Rocío y Maribel, que estaba de visita, merendaban en el salón y comentaban el final de una serie.

—Madre, ¿de dónde vienes? —preguntó Rocío.

No me quedaba otra que comentarles lo sucedido, suavizándolo lo más posible para no alarmarlas. Las dos se ofrecieron a acompañarme a urgencias del Materno para hacerme la ecografía que me había pedido el doctor.

Cuando llegamos, en la sala de espera había muchísima gente, así que pensé: «Hay que armarse de paciencia». Pero no fue así; en menos de veinte minutos me llamaron para que pasase a la sala donde se encontraba el ecógrafo y, después de varias preguntas y hacerme sacar la ropa, me acosté en la camilla y la doctora extendió el frío gel sobre mi vientre y lo recorrió, presionando el artilugio en forma de círculos mientras en la pantalla se dejaba ver sobre el ovario izquierdo el gran mioma de quince centímetros que se había formado. Después de limpiar mi barriga del untuoso gel y vestirme, pasé al escritorio. Allí me esperaban mis dos hijas con sus caritas de susto y la doctora, quien me informó:

—Señora, la vamos a ingresar en la planta de Ginecología para hacerle diversos estudios y dejar todo informado para una intervención quirúrgica en cuanto le den turno en la seguridad social.

Fue un momento de confusión y desasosiego. No me esperaba lo que de un momento a otro me estaba pasando y menos asustar a mis hijas, pero la realidad estaba allí y debía tranquilizar a mis niñas y, sobre todo, mantener mi mente en positivo.

—Lo que usted diga, doctora —le respondí y luego me dirigí a mis hijas—. Bueno, a ver esas caritas. Solo será una cirugía de ovario. —Comenté algunos casos dentro de la familia sin complicación alguna, lo que las dejó un poco más tranquilas, y seguí diciendo—: Me preocupa más el tiempo que les robaré con mis días ingresada ahora y luego con la operación, pero todo saldrá bien, no lo dudéis. Y avisad a Juan Manuel y a Fer de que ahora mismo me quedo en el hospital para estudios.

No tardaron en llegar al hospital muy asustados, ya que no estaban al tanto de nada de lo que acontecía. Me realizaron analíticas de todo tipo, tomografía computarizada y más ecografías. Al tercer día me dieron el alta con la convicción de que en pocos días me llamarían de la seguridad social para la fecha de la cirugía. El diagnóstico seguía siendo mioma de ovario sin más. Pero los días pasaban y nadie llamaba ni carta recibía.

Una noche, ya preocupado, Fer me dijo:

—Marita, tu vientre va creciendo día a día. A ver cuándo te llaman de la seguridad social para tu cirugía.

—Sí, es verdad, y ya tengo algunas molestias. Si hasta parezco embarazada de seis meses. Te darás cuenta de que estoy vistiéndome con ropa muy amplia. Es probable, Fer, que dejen pasar las fiestas navideñas —le respondí tratando de tranquilizarlo.

Y así fue. Recibí la cita para mediados de enero. Dos días antes de ingresarme para la cirugía estaba sentada frente a la doctora para hacer las pruebas de anestesia. Ella, cubierta con su delantal blanco impoluto y con su nombre bordado en el bolsillo superior, se bamboleaba un tanto en su silla giratoria mientras con un boli hacía garabatos en un papel sin dejar de mirarme fijamente a los ojos, en tanto me confirmaba que el mioma seguía creciendo.

—Señora, debo informarle de que, por el tamaño del mioma, la incisión quirúrgica en su vientre será grande y al extraerlo se hará una biopsia durante la cirugía para determinar si solo extirpamos los ovarios o hacemos una histerectomía. A raíz de ello, tiene que firmar su autorización por si fuese necesaria.

Me cedió su bolígrafo y puso delante de mí los papeles para que firmase, los cuales leí rápidamente y un poco temblorosa firmé.

—¿Me puede aclarar algo más, doctora?

—Por el momento nada. La espero el domingo temprano en ayunas para que la preparen. El lunes a primera hora de la mañana será su intervención y quedará ingresada el tiempo que sea necesario hasta su recuperación.

Se levantó de su silla giratoria y, dándome una palmadita en el hombro y con una esforzada sonrisa, nos despedimos.

Salí de la consulta y mientras me ponía la chaqueta y la bufanda me sentía confundida y preocupada. Mil recuerdos martilleaban mi cabeza, pero una vez fuera del hospital, al sentir el aire malagueño en la cara, traté de convencerme a mí misma de que todo saldría bien y así se lo trasmití a mi marido y a mis hijos al llegar a casa.

El domingo por la mañana Fer me llevó en su coche al hospital. Nos acompañaba Juan Manuel, quien cargaba con el bolso que preparé por la noche con la bata, pantuflas, ropa interior y el neceser. Al llegar, una enfermera muy amablemente nos acompañó hasta la habitación que me asignaron y, después de saludar a la señora que ocupaba la otra cama, me indicó la mía y dónde guardar mis cosas, entregándome el camisón a rayas, las toallas y un *pack* de esponjas jabonosas. Antes de ponerme el camisón mantuve una corta conversación con la señora que sería mi primera compañera de habitación.

La habitación estaba impecable y muy bien equipada. Una amplia ventana dejaba entrever la sierra de Málaga y permitía que unos rayos de sol se colasen, dando un poco de calidez al ambiente. Por la tarde vinieron mis hijas y charla va, charla viene, llegó la noche. Yo, con un hambre que hacía sonar mis tripas, ya estaba preparada para el día siguiente. Les pedí que todos se fueran a descansar.

—Aparte de hambrienta, me encuentro muy bien. No hace falta que nadie pase mala noche con todas las que, seguramente, tendrán que pasar hasta mi recuperación. ¡Así que marchaos! —Tuve que escuchar miles de recomendaciones y me llenaron de besos antes de retirarse.

En la madrugada del lunes ya estaban todos en la habitación dándome fuerzas, aunque creo que las fuerzas la necesitaban más ellos. Yo me sentía fuerte y con coraje.

Entré a sala de cirugía a las ocho de la mañana y lo único que recuerdo es que, cuando me ataron los pies y las manos, de cachondeo les dije a los médicos:

—¡Pero si no me voy a escapar! —Mientras, algo caliente entraba por mis venas y todo se oscureció.

Fueron muchas horas, aunque yo no me enteré, pero para Fernando y mis hijos fueron interminables y de mucha incertidumbre. Esperaban en la sala donde los médicos salen a informar los resultados de los pacientes. Salieron informando a todos los que estaban allí, pero de mí no sabían nada. Hasta se quedaron solos en la sala. Por fin, cerca de las tres de la tarde, una doctora salió y, preguntando si eran mis familiares, les dijo:

—Fue una operación de riesgo, muy larga. Tienen que esperar, aún no sabemos cómo reaccionará su organismo. Recién la pasamos a la sala de recuperación. Los tendremos informados.

Entre llantos y abrazos se quedaron esperando. Nadie más les dijo nada. Aproximadamente a las seis de la tarde me sacaron en la camilla rumbo a la habitación con suero, drenaje, sonda y una bolsa suministrándome sangre. Tenía mis ojos abiertos y una pequeña mueca de sonrisa en mis labios. Los cuatro se arrimaron a mi lado y con sus caritas llorosas respiraron en paz hasta que el cirujano que me operó habló con ellos.

A la mañana siguiente, después de haber pasado una larga y dolorida noche, la enfermera me reclinó un poco el respaldo de la cama y Fer me ayudó con el desayuno. Ya estaban mis hijos también allí y esperábamos al cirujano que me operó para que nos informase sobre la intervención. No tardó en llegar acompañado de una doctora, la misma que me había hecho la prueba de anestesia, y después de saludar a todos incluso dedicó unas palabras a la señora con la que compartía la habitación. Se paró a mi lado; me pareció muy alto con su delantal verde. Ya no lo recordaba del día anterior. Quizás su voz sí la recordé, pero muy lejana, cuando comenzó a hablar:

—¿Cómo estás? ¿Qué tal has pasado la noche?

—Bueno, no muy bien, pero ahora mismo estoy mucho mejor.

Apoyando su mano en la mía, empezó hablar sin rodeos. Yo miraba atentamente las caritas de mis niños y la de mi marido. Algo no estaba bien. Entonces pensé en lo que todo el tiempo había querido eludir, que se confirmó cuando el doctor empezó diciendo:

—Marita, te tuvimos que hacer una histerectomía, lo que quiere decir que extirpamos ovarios, trompas de Falopio, útero, cuello del útero y ganglios. El tumor, además de ser muy grande y de que seguía creciendo, era maligno. Lo bueno es que estaba encapsulado y, aparentemente, no dañó ningún otro órgano, pero por seguridad extirpamos todo, lo que se analizará minuciosamente. Esperaremos los resultados, pero sugerimos hacer quimioterapia por el grado de malignidad del tumor. De todos modos, se decidirá con la biopsia en mano en una junta médica.

Cuando el doctor terminó de hablar todos estaban pendientes de mi reacción. Ellos ya lo sabían. En el fondo yo también me lo imaginaba desde el momento que mi médico de cabecera confirmó que había un mioma en mi vientre, salvo que no quería escuchar más en mi vida el diagnóstico cáncer.

En ese instante no importaba lo que yo sentía, sino el dolor de mis hijos. Ya habían perdido a su padre y a su abuelo con esa cruel enfermedad y, quizás por sus memorias, una fuerza interior surgió en mí y con mucha calma recorrí con mi mirada cada carita hasta fijar mis ojos en los del doctor y le contesté muy serena:

—Haré lo que sea necesario, doctor, para más seguridad, pero sepa usted que yo pronto estaré bien.

Un gesto de picardía se había pintado en mi rostro y mis palabras sonaron con tanta seguridad que mis niños aflojaron su tensión y cuando el médico se retiró empecé hablando como si nada malo hubiera dicho y solo importara reponerme de la cirugía para regresar a casa.

Cuando mis hijos bajaron a la primera planta del hospital para almorzar, Fer me acarició la frente y me dijo:

—Lo has hecho muy bien, tus hijos te necesitaban. Yo sé que tú eres fuerte y valiente.

Esa tarde, antes de que me trajeran la merienda, pedí el móvil para hablar con mi madre. Tenía pocas fuerzas, pero necesitaba hacerlo.

—¡Hola, mami!

—Hola, Marita, qué alegría escucharte. Me dijo tu hermano que salió todo bien.

—¡Sí, madre! Ya estoy operada. Dolorida pero bien. Me sacaron los ovarios porque el quiste era grande, pero sin problemas. En unos días estaré en casa.

—Me quedo más tranquila, hija. Yo sabía que sería algo así como lo que le pasó a tu prima, o a mí cuando me sacaron un fibroma de la matriz, ¿te acuerdas? Pronto estarás bien y en tu casa.

—Ni lo dudes. En cuanto tenga el alta te llamo.

Le estaba mintiendo, pero ¿cómo mencionarle las palabras cáncer y quimioterapia? Les rogué a mis hermanos que nunca se lo dijeran y por ello tuve que seguir con la farsa. A los pocos días la llamé nuevamente desde el hospital:

—¡Hola, mamá! Ya estoy en casa, bien. Poco a poco me voy recuperando.

Como la llamaba del móvil a su teléfono fijo y siempre era yo quien llamaba, ella no podía saber dónde me encontraba. Pero una tarde se le ocurrió llamar a ella al teléfono fijo de casa y cogió la llamada Juan Manuel, al que, como lo tomó de sorpresa, se le ocurrió decirle que estaba haciendo la compra.

—En cuánto mamá regrese te llama, abuela.

Y ella respondió:

—Está muy bien parece, ya de compras. —Y siguió dándole lata con sus quejas y dolores.

A la hora la llamé, pero desde la cama del hospital. La cuestión es que no se enteró del difícil año que me tocó en suerte, aunque yo sí tuve que escuchar durante todo ese año sus lamentos y el reproche de que no estuviese a su lado para cuidarla.

Pensaba en regresar a casa en pocos días, ya que al segundo día estaba de pie y al tercero mis hijas me ayudaron a ducharme (pobres, qué impresión tenían al ver mi vientre lleno de grapas; yo pensaba en el día que me las fueran a quitar), pero fueron surgiendo algunos imprevistos que demoraron mi estancia en el hospital, donde estuve acompañada en todo momento por mi marido y mis hijos. Se turnaban para no dejarme sola ni por un momento, días y noches mal dormidas, a pesar de que tantas veces les dije:

—No exageren, puedo estar un poco sola. No es necesario que todas las noches uno de vosotros duerma en este sillón incómodo. La atención de las enfermeras y auxiliares es de maravilla.

—Tienes razón, madre. Estamos muy complacidos con el personal del hospital; aun así, seguiremos turnándonos y no se discute —comentó Maribel.

Y no era para discutirlo. Me sentía afortunada a pesar de lo que me estaba pasando. En el hospital todos me trataban con tanto cariño. No podía entender cómo algunas de las tantas compañeras de habitación que tuve en el largo tiempo ingresada podían quejarse y levantar voces si mi familia y yo nos sentimos tan arropados por el personal hospitalario en los treinta días que estuve allí ingresada. Entonces yo pensaba al escucharlas: «Trátalos bien, que así te responderán».

La mañana que me dieron el alta en el hospital coincidió con el día que tenía que hacerme la primera quimioterapia, así que de la planta de Ginecología del Hospital Materno subí a la octava, Oncología, en camisón, bata y pantuflas. El camillero me subió sentada en la silla de ruedas aunque yo podía caminar, pero era más protocolario. Subimos al ascensor y el señor, moreno, con unos bigotes muy tupidos que apenas dejaban ver su sonrisa de bonachón, no dejaba de hablar, como queriendo disipar el miedo que da entrar a lo desconocido. Cuando llegamos a la puerta del consultorio me dijo:

—A más ver, señora, y que todo sea con suerte.

Al abrir la puerta me esperaba el oncólogo con mi carpeta médica y las analíticas recién hechas. Era un hombre de estatura media y pelo un tanto rojizo, enfundado en su delantal verde y de muy pocas palabras, las justas y necesarias para que entendiese por qué yo necesitaba de la quimioterapia.

Fue una enfermera (no puedo olvidar su nombre, Rosa, como mi madre, con su delantal blanco y su cabello muy rizado recogido en la nuca) quien me acompañó a la habitación, de iguales características a la que acababa de abandonar en el piso inferior. Me parecía que había dado un paseo y regresaba al mismo sitio.

—Ven, cariño. Acuéstate acá, en la cama que da a la ventana, y vamos a charlar un rato antes de preparar tus venas para el catéter. Te voy a poner al tanto de todo lo que puedes sentir mientras la droga pasa por tus venas y cómo serán los días sucesivos. Incluso te voy a dar estas hojas impresas, donde encontrarás la información de todos los síntomas y cómo mejorarlos, tanto con la alimentación como con el cuidado corporal y, sobre todo, el anímico.

Rosa, a quien no volví a ver durante mi tratamiento porque no coincidimos con los turnos, fue muy explícita y convincente, tanto que la tuve presente en toda la terapia, como el libro gordo de Petete. Con cada síntoma que tenía recordaba sus palabras o iba a hojear las páginas impresas; así sabía a qué darle mayor importancia y qué dejar pasar en el transcurso del tratamiento.

Después de todo un día en esa habitación, con mis venas conectadas al aparato para la administración intravenosa de las drogas, que van pasando lentamente, es difícil poder expresar lo que se siente, aunque debo confesar que no me fue mal. Me podían más el miedo y la incertidumbre. Mi marido estaba allí, a mi lado, sentado en el sillón, igual a ese en el que durmió tantas noches a mi vera, turnándose con mis hijos. Solo se ausentó un momento cuando le pedí:

—Fer, baja al bar a comer algo. Llevas horas acá sin probar bocado ni beber nada.

La mirada de sus ojos claros, que resaltaban con su camisa a cuadros de color azul Francia, sus manos grandes y cálidas posadas sobre mi brazo libre y sus palabras llenas de optimismo me hacían sentir más fuerte.

Era casi de noche cuando se terminó la primera sesión y Rosa sacó el catéter de mi vena.

—¡Por fin regreso a casa! —Después de un mes.

—¿Cómo te sientes? —me preguntó Fer, ayudándome a subir al coche.

—Bueno, no para un baile, pero bastante bien —le respondí con una gran sonrisa. Estaba feliz a pesar de todo y ansiosa por llegar a mi casa.

Mis hijos me esperaban con la mesa puesta y un olorcito a comida casera recién hecha. Qué placer después de tantos días con comida de hospital.

Fue mi gata quien me hizo lagrimear. Cuántos días sin verla. Se había portado fatal durante mi ausencia y ahora maullaba, me olía, me daba mil vueltas, hasta que por fin, al acostarme en mi cama, pudo acostarse a mis pies y con su patita abrazarse a una de mis piernas.

A los pocos días empezó la caída del cabello: lo notaba en la ropa y, sobre todo, en la almohada por la mañana al despertar. Cuando estaba próxima a la segunda quimio, una tarde de domingo fui a darme una ducha porque quería estar arreglada para cuando mi marido llegara del trabajo. A pesar de los malestares que sentía, estaba fuerte y entera. Me saqué la ropa y me puse debajo de la ducha. Cuando empezó a caer el agua sobre mi cabeza, manojos de cabellos se deslizaron por mi cuerpo, pegándose en mi piel mojada, y cuando lograba quitarlos de mi cuerpo se acumulaban en el desagüe del plato de ducha. Fue la primera vez que, ante la desesperación por sacarme los pelos de mi piel, lloré. Lloré mucho, un buen rato, en tanto trataba de limpiar semejante despropósito. Fue una buena excusa para que, en soledad, aflorasen mi pena y mis miedos.

Cuando salí de la ducha pasé mi mano por el espejo empañado del baño y al mirarme en él vi mi cabeza llena de lamparones. Unos pocos cabellos todavía seguían en su sitio. No había manera de peinarme. Mientras me secaba el cuerpo traté de tranquilizarme, me arropé con mi bata y fui a mi habitación. No quería que nadie notara mi desazón. Elegí un vestido verde claro con estampado de hojas en verde oscuro y, por encima, una rebeca liviana porque estaba un poco fresca la tarde. Me maquillé el rostro; un poco de rubor me venía bien, que no se notara mi desaliento.

Como a la media hora llegó Fernando de su trabajo. Se le notaba muy cansado. Me besó en los labios, como siempre, y con su mano alborotó los poquitos pelos que me quedaban como preguntando: «¿Qué pasó?». Disimulando el momento que había pasado anteriormente, entre risas y bromas le dije:

—Vida, quería estar guapa para tu llegada, pero mira mi cabeza. Es un desastre.

Él con una sonrisa me contestó:

—Si estás guapísima. Lo del cabello se soluciona ahora mismo. —Se dio media vuelta y enfiló para el cuarto de baño. Allí abrió un cajón del mueble del lavabo y sacó la máquina con la cual se cortaba los pocos cabellos plateados que le quedaban. Tomó una toalla, la colocó en mis hombros y me pidió que me sentara en el taburete que trajo de la cocina a la sala. Sin rodeos comenzó a quitarme el cabello. Fue muy rápido y cuando mi cabeza estaba completamente rapada me dijo—: Solucionado el problema. Mírate al espejo, estás bellísima. Y mañana vamos a comprar una peluca para cuando salgas y quieras usarla y también unos lindos y coloridos pañuelos.

En tanto Fer entró a ducharse para después sentarnos a merendar, yo barrí y junté los pelos del suelo. Volví a mirarme en el espejo y mientras pasaba mis manos por mi cabeza rapada pensé: «Después de todo, no me queda mal».

Con el tiempo perdí todo el vello del cuerpo, las cejas y las pestañas, que se caían de una en una hasta su fin, dejando solo el contorno de mis ojos colorados e indefensos.

Fueron seis meses de quimioterapia muy fuerte, cada veintidós días, siempre acompañada de mi marido y con la máxima atención de todos mis hijos. Así podía soportar sin quejas los dolores o el decaimiento que por momentos tenía. Eran fuertes las molestias en las plantas de los pies y los huesos, dormía con cojines entre las piernas para evitar el roce de las rodillas o tobillos y las manos con guantes para sostener apretada una pelotita de *ping-pong*, porque se me dormían de tal manera que me producía un dolor agobiante en los brazos.

Cuando los dolores en las piernas eran insoportables le pedía a Rocío:

—Por favor, hija, ¿me haces unos masajitos en los pies con aceite de argán?

—Claro, madre.

Al terminar me traía una fuente con frutas de estación o variedad de frutos secos y Juan Manuel me preparaba un licuado de papaya, que para mí era horrible, pero hacía el esfuerzo para beberlo, como también me esforzaba en dar una caminata corta a diario del brazo de alguno de mis hijos.

Me alimentaba muy bien, seguía todos los consejos de la enfermera Rosa y, gracias a Dios, no tenía náuseas ni vómitos y eso me ayudaba muchísimo a poder subir mis defensas y también mis kilos.

Tuve muy presente la fortaleza de mi padre y traté de imitarlo y, aunque a veces no podía con mis fuerzas y Fer me regañaba por mi empeño de hacer los quehaceres de la casa, yo no quería alterar el ritmo de vida del hogar ni la de mis hijos.

CAPÍTULO 28
Desacuerdos

Año 2015

Al poco tiempo de haber terminado el tratamiento de quimioterapia y tras haber recuperado un poco de fuerzas y muy poquito pelo, pero sí las pestañas y las cejas, lo primero que me apeteció fue viajar al pueblo de mi padre. Necesitaba sentir el calorcito de la familia, ya que no podía ir a Argentina porque el viaje era demasiado largo y agotador. Fer y Juan Manuel me acompañaron y mi primo Arturo y su esposa nos esperaban en el aeropuerto de Milán.

—*Che piacere vederti cosí bene, cugina!* —me dijo Arturo en tanto tocaba mi pelo y con un gesto preguntó—: *Quanto é cresciuto?*

—*Si guardi!* —respondí, quitándome la peluca y dejando ver mi pequeño y parejo crecimiento del cabello—. Ya no soporto la peluca, me trae un picor… Parece que tengo piojos rascándome —terminé diciendo y comenzamos a reír y reír. Me sentía viva, plena y feliz con el cariño de la familia, que tanto se había preocupado por mi estado de salud.

Los controles médicos seguían cada tres meses con analíticas y tomografías computadas y, al igual que crecía mi cabellera (primeramente muy rizada, después recuperó su aspecto normal, con ligeros rizos como siempre, aunque aparecieron algunas canas), también se disipaban mis molestias. Es verdad que algunas nunca desaparecieron, como las de las plantas de los pies o los huesos, pero muy leves comparadas con lo que fueron. Por ello, una tarde llegó Juan Manuel a casa con una tarjeta en la mano:

—Madre, te apunté al gimnasio. Con esta tarjeta puedes entrar y hacer lo que te apetezca, incluido el uso del *spa*.

Y allí fueron mis hijas a comprarme ropa apropiada para el gimnasio. En un principio los movimientos me agotaban mucho, pero encontré en las clases de *aquagym* la ayuda que necesitaba. En el agua no sentía tanto el cansancio y poco a poco fui progresando y recuperando fuerzas.

Después de todo lo vivido y superado, sentía el mundo a mis pies, pero algo me iba apocando la alegría. Día a día notaba a Fer ausente y distante. Hacía tiempo que no lo podía ayudar con su trabajo y cabía pensar en su cansancio. Cuando lentamente me fui incorporando a mis tareas en el restaurante empecé a indagar y esa noche le pregunté:

—¿Qué pasa, Fer? —Busqué su mirada, la cual no hallé, pero igualmente continúe—: Sabes que agradezco mucho todo lo que me has ayudado, pero no se me escapa lo ausente que estuve con tus preocupaciones laborales y presiento que algo no va bien.

Se quitó la chaqueta negra con el logo del restaurante, la colgó en el perchero, se pasó la mano por la frente y arrimó una silla, invitándome con un gesto a sentarme. Yo me senté, aguardando. El salón estaba ya un tanto oscuro, estábamos en la hora del cierre. Le pidió al camarero que aún no se había retirado que nos preparase dos cafés:

—Uno con leche, por favor. Marita no toma café solo.

Entonces se sentó a mi lado y cuando levantó la vista no pude más que preguntarle:

—¿Tienes algún proyecto nuevo en mente que te preocupa, Fer?

Juan, el camarero, apagó la máquina de café, dejó todo en orden y se despidió:

—¡Hasta mañana! ¡Que descansen!

Entonces comenzó hablar con un tono de voz muy bajo, que apenas podía oír:

—Tengo un posible comprador para el traspaso del restaurante.

No había un espejo para verme, pero mi cara seguramente sería un poema cuando me levanté de la silla. Llevé mis manos a la cabeza, me giré y cuando volví a girarme y mirarlo de frente exclamé:

—¡Piensa un poco, Fer! Nos va bien con el restaurante. No para hacernos ricos, pero podemos vivir tranquilos. —Si algo conocía yo eran las cuentas porque, a pesar de mi convalecencia, siempre las manejé por el ordenador y estaba todo en regla—. Amor mío, estarás muy cansado, pero ahora yo me reincorporo al trabajo y ya es una ayuda.

—No se trata de eso, Marita. Quiero hacer otra cosa…

—Te quedan pocos años para jubilarte, Fer. ¿Te parece arriesgarlo todo y comenzar de nuevo a probar suerte?

Empezó a contarme un poco lo que tenía en mente, pero discusión va y discusión viene no nos poníamos de acuerdo.

—No te ofusques, Marita. Solo es una idea. No lo tengas en cuenta.

Al final regresamos esa noche a casa muy enfadados y en un silencio abismal. Se fue pasando la bronca, pero tampoco se habló más del tema y como a los dos meses me pidió que no fuera más a trabajar.

—No es por nada, Marita, pero te cansas mucho y no es bueno para tu salud.

Y tenía razón. Regresaba a casa totalmente agotada y, además, no había el mismo ambiente de antaño entre nosotros, aquel que hacía superar todo cansancio.

Me dediqué a los quehaceres de la casa, retomé la escritura, que hacía tiempo la había abandonado, y hasta me apunté a un curso para mejorarla y me puse el firme propósito de no faltar ni un día al *aquagym*, que me hacía sentir muy bien. En tanto, esperaba por las noches a mi marido para cenar juntos y conversar un rato y, aunque no tocó más el tema de cambiar de trabajo, algo flotaba en el aire que yo percibía, pero que él no comentaba. Y así, poco a poco, fuimos perdiendo la complicidad y también la risa, esa alegría suya que a mí me llenaba el alma.

CAPÍTULO 29
Volver

Año 2016

En tanto, la demanda de mi madre por mi ausencia no cesaba. Cada vez que cogía el teléfono y la llamaba me dejaba con la cabeza hecha un lío.

—Te echo tanto de menos. Tú tendrías que estar a mi lado, cuidándome, no estas mujeres que me hacen renegar y tanto.

Su salud había empeorado mucho en el último tiempo. Su estado nervioso estaba haciendo estragos en su organismo y las piernas estaban muy estropeadas a causa de la artrosis en las rodillas, que la dejó en silla de ruedas. Mis hermanos habían contratado a tres señoras para que la cuidasen: una por la mañana, otra por la tarde y la tercera para pasar la noche a su vera. Ellos no dejaban de verla a diario.

Sus constantes reproches me inquietaban y un sentido de culpa se iba apoderando de mí al no estar cerca de mi madre en momentos difíciles. Una noche me encontré vagando por la cocina a la hora de preparar la cena: cogí una cacerola, la guardé nuevamente en su sitio, no recordaba para qué la había cogido, abrí y cerré varias veces la nevera. Algo me perturbaba sobremanera. Al momento me concentré en la comida, pero al acostarme en mi cabeza resonaba una idea que al día siguiente les diría a mi esposo y a mis hijos. Estaba muy inquieta en la cama, tanto que Fer en un momento muy soñoliento me preguntó:

—¿Estás bien, Marita?

—Sí, cariño. Un poco inquieta. ¡Descansa!

Y apoyé mis labios en uno de sus brazos, besándolo suavemente. El calor de su cuerpo grande y fuerte y el pensar en su inagotable fortaleza me reconfortaron para aplacar mis ansias y al fin conciliar el sueño.

Comenzaba el año 2016 y en poco más de un mes mi madre cumpliría ochenta años. Por ello, a la mañana siguiente a esa tormentosa noche llena de recuerdos y carcomiéndome una idea, pedí reunión de familia por la noche. Preparé una buena cena y después de comer serví el café y unos chupitos. Yo estaba apoyada en la punta del sofá, movía inquieta mis manos sosteniendo una copita con vino quitapenas de Málaga. Quería tomar coraje para comentar la inquietud que sentía de viajar a mi país para ver a mi madre y festejar con ella su cumpleaños, que, por ser año bisiesto, le tocaba el 29 de febrero.

Noté la cara de sorpresa en cada uno y el ambiente enmudeció de repente cuando me pronuncié. Fue Juan Manuel quien rompió el silencio:

—Es un viaje demasiado largo, madre.

Fer movió su cabeza como afirmándolo y, dejando su taza de café sobre la mesa, dijo:

—Tiene razón tu hijo. Me parece demasiado viaje y más para que vayas sola. Y lo lamento, pero ahora mismo no puedo acompañarte.

Y en tanto mis hijos mayores hablaban entre ellos, yo me quedé pensando que quizás tenía razón y me levanté para recoger las tazas del café y llevarlas a la cocina. Al momento fue Maribel quien me devolvió la sonrisa:

—No viajarás sola, madre. Juan Manuel y yo te acompañaremos. Así veremos a nuestras abuelas después de tanto tiempo. Déjanos ver mañana en nuestros trabajos cómo acomodamos nuestras vacaciones.

En tanto, Rocío se quejaba porque estaba con todos los exámenes finales y próximos a terminar su carrera.

A los pocos días estábamos volando rumbo a Argentina. Para mí fue un largo y cansado viaje; no encontraba posturas en el asiento del avión y las esperas en los aeropuertos de tránsito fueron un calvario, aunque no me dejé vencer. Bajé por las escalerillas del avión en el aeropuerto de Córdoba bien erguida, recién maquillada y peinada. Quería que todos vieran lo bien que me encontraba y no la fatiga del agotador viaje ni el recuerdo de haber estado enferma. Allí nos esperaban mi hermano Marcelo y su hijo, la hermana mayor de Julio con una de sus hijas y algunos amigos que lograron enterarse de nuestro repentino viaje.

Emociones, abrazos, lágrimas y mucha alegría en el reencuentro: nos mirábamos, nos tocábamos y hablábamos todos a la vez mientras salíamos del edificio aeroportuario en busca de los coches. Yo tenía prisa por llegar a destino, ver a mi madre y descansar. Aunque trataba de disimularlo, me sentía realmente agotada.

Cuando estábamos entrando a los alrededores del pueblo la desilusión se hizo notar en nuestros rostros al ver que los años de ausencia habían servido para empobrecer y avejentar a nuestro pueblo. Fue mi sobrino al ver nuestras caras el que empezó a contarnos:

—Viendo sus gestos puedo darme cuenta de que lo ven todo muy feo. La semana que viene se cumple un año de la devastadora crecida de los ríos. La lluvia fue torrencial y la fuerza del agua arrasó con todo lo que encontraba a su paso, dejando casas destruidas, coches apilados, negocios aniquilados y lamentando pérdidas humanas. ¡Fue un horror!

—¡Qué tristeza! —comenté con los ojos a punto de soltar unas lágrimas. Estábamos al corriente de lo que había sucedido, pero ver cómo se encontraba todo después de un año nos llenó de tristeza y desolación. En tanto, mi hermano y su hijo seguían contando del horripilante día y lo aterrada que quedó la gente, que ante la presencia de unos nubarrones o unos truenos todavía se encomienda a Dios.

—Esperamos con énfasis que los nuevos gobernantes este año comiencen a darnos soluciones —comentó Marcelo con cierta resignación.

Hacía dos meses que el país había cambiado de Gobierno y Mauricio Macri, de una coalición política y exgobernador de la ciudad autónoma de Buenos Aires, ganó las elecciones. Una corriente de esperanza asomaba en la gente, pero tarea difícil le esperaba al presidente de la nación.

A la tristeza se sumó la emoción de abrazar al resto de la familia y amigos, que se encontraban esperándonos a las puertas de la casa paterna, tanta gente querida y añorada. Parecíamos famosos llegando a su posada. Pero la angustia y la desolación volvieron cuando entramos a la casa silenciosa, oscura y húmeda, con las puertas y muebles rayados o rotos por el paso de la silla de ruedas. En un rincón de la sala estaba mi madre, que era una mujer alta y robusta. La vi pequeña, encorvada en su silla. El vestido azul que llevaba puesto le quedaba supergrande. Estaba avejentada y quejándose de sus dolores. La señora que la cuidaba estaba sentada a su lado. Rápidamente, con una sonrisa se presentó y nos dio la bienvenida. Me puse en cuclillas frente a mi madre y nos abrazamos. Lágrimas rodaron por nuestras mejillas y la emoción fue mayor al abrazar a sus dos nietos.

La pareja de mi hermano Marcelo, que pronto sería su esposa, rápidamente abrió las ventanas para que entrara la luz del sol y nos preparó un aperitivo mientras aguardábamos el asado de bienvenida. El movimiento de gente y la claridad disiparon un poco la impresión al entrar a esa casa que siempre había resplandecido y en la que aún se me antojaba escuchar las risas de cuando éramos una gran familia unida.

El tiempo parecía que allí no perdonaba a nadie. Cuando fuimos a ver a Mima, la mamá de Julio, físicamente estaba perfecta. Siempre guapa la abuela, con su vestido estampado en varios tonos, maquillada, peinada y con una sonrisa de oreja a oreja. Sus ojos bellos reflejaban una mirada un tanto desorbitada. Nos abrazó y parecía conocernos, pero fue un lapso. Siguió riendo y muy pocas palabras logró pronunciar. El alzhéimer había comenzado unos meses atrás a hacer estragos en su mente. Una de sus hijas nos comentó:

—Así como la ven, ríe todo el tiempo y no coordina las palabras. Han tenido suerte; creo que llegó a reconocerlos.

—Nunca lo sabremos.

Mucha gente (amigos, familiares o conocidos de toda la vida) vino a vernos en el transcurso de los veinticinco días de estadía. Las charlas se hacían interminables y, siempre con unos mates de por medio, todos querían saber cómo se vive en Europa, qué hacíamos, cómo estábamos, cómo era Málaga… Mi madre escuchaba y de tanto en tanto fruncía el ceño o movía su cabeza como en desacuerdo por algo, pero cuando quedábamos solas el silencio se adueñaba del tiempo. No sabíamos qué decirnos, solo había reproches por mi ausencia, tanto que en un momento me sentí muy mortificada y no pude seguir callando: empecé a contar el difícil año que había pasado y que no había querido contarle para no preocuparla.

—¿Sabes, madre? Fue una operación muy grande, el tumor era maligno. Tuve muchos meses de quimioterapia. No fue fácil, pero como verás estoy totalmente recuperada.

Con el ceño fruncido y enfadada exclamó:

—¡Seguramente tus hermanos lo sabían! ¿Por qué Marcelo, que habla tanto contigo, no me lo contó?

—Fue mi decisión. No quería agregarte otra preocupación. Demasiado tienes con tu salud, madre. Y ahora estoy aquí, frente a ti. —Le sonreí y mis manos amagaron un abrazo que no llegó mientras continuaba diciendo—: Como verás, estoy muy bien. Pregúntame lo que quieras saber.

Fueron mis últimas palabras al respecto, porque otra vez el silencio envolvió el ambiente y no se volvió a hablar del tema. Ninguna pregunta.

A los pocos días festejamos sus ochenta años, muy a su pesar, y hasta viajaron unos primos desde Reconquista, mi ciudad natal. Fue una hermosa noche; una mesa larga con un mantel blanco un poco amarillento por el paso del tiempo y el poco uso, un arreglo floral en el centro de la mesa con veinte rosas, como los años bisiestos cumplidos, y un corazón de luces multicolores con el número ochenta en su centro lucía en una de las paredes de la casa. Hasta logramos esa noche hacer sonreír a la cumpleañera y en mi memoria quedaría grabada la mesa familiar, aun sabiendo que todos estaban poniendo un poquito de buena voluntad para disimular las discrepancias. Pasé unos días con una sensación muy extraña en mi interior. Supongo que a cualquier emigrante le pasa: esa congoja de nuestra tierra, de nuestra gente, los olores y las costumbres, hasta del idioma, que, si bien es el mismo, tiene tantas diferencias. Quería estar allí, pero a la vez regresar a Málaga, a la calidez de mi hogar, a las caminatas por la ciudad, sentir el sol malagueño, el persistente ruido de las olas cuando abrazan la playa y el graznido de las gaviotas en mi ventana. Cuántos sentimientos encontrados. Comprendí a mi padre cuando lloraba por su tierra y su gente, pero a la vez amaba el sitio donde había formado una gran familia. Nos queda partido el corazón por siempre y hay que elegir.

Después de despedirme de mi madre sin haber limado ninguna aspereza, sintiendo en el alma un profundo dolor al pensar si nos volveríamos a ver y viendo que la desunión de la familia era más que evidente y que la situación en que se encontraba mi país era desoladora y en gran parte el máximo problema de desencuentros entre familias y amigos, supe que mi lugar estaba en Málaga, la tierra que amé desde un principio, donde mis hijos encontraron un porvenir y, sobre todo, más tranquilidad.

Al pisar de nuevo el suelo malagueño no me quedaron dudas: era la tierra elegida, donde quiero terminar mis días y esparcir mis cenizas, aunque siempre, en el fondo de mi corazón, guarde la nostalgia de mi pueblo, mi gente, mi país.

CAPÍTULO 30
Con mucha pena

Años 2017, 2018 y principio de 2019

Este año, 2017, cumplí sesenta años. Hace pocos días subiendo a la planta de oncología del Hospital Materno estaba muy pensativa; siempre que voy a revisión médica no puedo ocultar que siento un poquito de miedo. Cuando me tocó el turno el doctor tenía todos los informes de mis últimos estudios en su mano y con una gran sonrisa, y escueto como es él, me dijo:

—Esto está todo muy bien. Tu próxima cita y siguientes estudios serán en seis meses.

Después de saludarlo muy cordialmente fui a por el próximo turno y la secretaria, que es de hablar fuerte y mucho, muy eufórica me dijo:

—¡Bien, Marita! Pasamos a la revisión cada seis meses. Es un gran logro y seña de que va todo más que bien.

Llegué a mi casa feliz. La secretaria me había renovado las pilas del optimismo. Esa noche festejamos en familia con una buena cena: pasta casera que me ayudó a hacer mi marido y un buen vino para chocar las copas y brindar por la vida.

Pero no me esperaban buenas nuevas. A los pocos meses Fer me comunicó que había concluido el traspaso del restaurante después de un largo tiempo y que pensaba invertir en una tienda de pastas caseras. Poco le había importado mi opinión y, como no llegamos a ponernos de acuerdo, yo decidí quedar fuera de todos sus asuntos laborales. Igualmente, muchas veces pasaba por la tienda y si era necesario le echaba una mano.

Una tarde que fui a verlo, Fer preparaba un pedido que le habían hecho y yo aproveché el tiempo para limpiar y ordenar su pequeña oficina. Cuando terminó con su tarea vino hacia mí y me dijo:

—¡Has terminado, Marita! Todo en orden como a ti te gusta.

—Sí, todo listo —respondí—. Si quieres preparo una infusión y bebemos tranquilos en tanto no tengas tarea.

—Sí, buena idea. —Se sentó en el sillón giratorio y encendió el ordenador, que estaba sobre su escritorio.

Cuando regresé con las dos tazas de té y me senté a su vera, Fer me pidió que me fijara en la pantalla, donde salía un cuadro con el análisis de las cuentas de la tienda. Yo miraba atentamente el cuadro, aunque no llegaba a comprenderlo muy bien, hasta que él se animó a decirme que prestase atención a los números y entonces me percaté de que iban en picado, a lo que yo le respondí, casi sin pensarlo:

—Todo lo que tienes de trabajador lo duplicas en cabeza dura. Vives delirando con nuevos proyectos. A nuestra edad ya es tiempo de una estabilidad económica. Y la teníamos, Fer.

—No seas pesimista, Marita.

—¡No, querido mío, no te confundas! Es un poco de coherencia. No es cuestión de lanzarse a la piscina sin agua.

Al ver mi enfado trató de suavizar el panorama.

—No te preocupes, cariño. Voy a salir adelante, ya verás. Hay que darle tiempo.

Pero los meses pasaban y el negocio no remontaba, sino que, por el contrario, ya empezaba a dar pérdidas. Así, nuestra relación pasó a ser silenciosa, llena de ausencias. Él quería ocultar su fracaso y yo, tragarme los reproches mientras me aumentaban las preocupaciones. Solo quería una vida tranquila para disfrutar de las pequeñas cosas que uno aprende a valorar después de tantas tempestades.

Después de unos meses, una mañana muy temprano Rocío y yo viajamos en el AVE a Madrid. Íbamos a retirar los pasaportes italianos, que después de diez años tocaba renovar. Aprovechamos para recorrer la ciudad y fuimos al encuentro de un viejo amigo argentino y su esposa, a los que habíamos visitado en el año 1998 en aquel inolvidable viaje en familia. Teníamos tanto de lo que hablar, tanto para contarnos, que se nos pasó el día volando y regresamos a Málaga por la noche, muy tarde.

A la mañana siguiente Fer se levantó muy temprano. No me extrañó porque era lo habitual. Desayunó y se fue a duchar. Estábamos solos en casa; tanto Rocío como Juan Manuel ya habían partido para sus respectivos trabajos. Yo me levanté al rato, estaba remolona. El día anterior había sido muy traqueteado para mí. Mientras Fer se cambiaba, yo terminé con mi desayuno y entré al cuarto de baño a ducharme. Al salir, envuelta en mi bata, me encontré a Fer muy bien vestido: los *jeans* y los tenis nuevos y una camisa azul con fantasías blancas y celestes. Me quedé mirándolo un tanto sorprendida, pero pensé: «Tendrá algún trámite por hacer». Al entrar a la habitación, una mochila y un chaquetón estaban sobre la banqueta. Busqué su mirada para preguntarle:

—¿Y esto, cariño? ¿A dónde vas? No es la ropa con la que vas a trabajar precisamente.

Se me acercó lentamente, apoyó sus manos en mis hombros, mirándome de frente, y con un hilo de voz destrozó mi corazón:

—Regreso a Argentina.

Un nudo en la garganta no me dejaba hablar (y había tanto por preguntar) cuando él comenzó diciendo:

—Me fue muy mal con la tienda, ya no puedo recuperarme. Tenías tú la razón, Marita, y no quiero involucrarte más en mis locuras. Traté de recuperar un poco de dinero, con el cual compré el pasaje, y tengo las maletas en el coche. Las preparé ayer mientras tú no estabas. Tengo prisa por salir hacia el aeropuerto. En poco más de dos horas sale el vuelo. Al llegar voy a instalarme de momento en la casa de mi madre.

Casi sin sentido me pronuncié:

—Te he querido tanto… —Y ya no me salían más palabras. Estaba tiesa como una momia.

—Yo también te quise más que a nadie…, pero no puedo quedarme. Creo que es mejor así. Conservemos los buenos momentos en nuestros recuerdos.

Y sus ojos se llenaron de lágrimas. Me besó en los labios fugazmente, tomó la mochila y el abrigo, apoyó sobre la mesa del comedor las llaves de casa y se fue.

El sonido de la puerta al cerrarse me dejó en un abismo profundo. Estaba parada, mirando esa puerta sin saber bien qué estaba pasando. No sé cuánto tiempo pasé inmóvil, no sé cuántas cosas pasaron por mi mente. Ni siquiera podía llorar. Luego fui a nuestra habitación y abrí su armario. Allí solo había unas cuantas sudaderas viejas, un par de zapatillas y una chaqueta. Seguramente, no le cabían en la maleta. Cerré la puerta del armario y como una sonámbula fui hacia el balcón. Buscaba la brisa y el sol de Málaga. El móvil sonando me sacó de mi mutismo y con un hilo de voz respondí. Escuché la voz de Fernando que me decía:

—Acabo de subir al avión. Espero que algún día me perdones. —Y cortó.

Al llegar Rocío y Juan Manuel a casa, a la hora del almuerzo, yo aún me encontraba en el balcón envuelta en mi bata azul y en pantuflas, con la mirada perdida en los techos de la ciudad. Ni una lágrima se me había escapado. Tantos recuerdos pasaban por mi mente… Como aquel día, al poco de conocernos, cuando en una reunión de familia y amigos Fer me preguntó:

—¿Piensas en rehacer tu vida sentimental algún día, Marita?

Y yo muy segura le contesté:

—Nunca.

Y él, con su buen humor y su espíritu guerrero, en poco tiempo me fue cautivando hasta hacer de su presencia algo imprescindible. Por mi mente pasaban como en una película momentos inolvidables de un amor desbordado que nació sin buscarlo. También pensaba en la pasión que Fer le pone a todo lo que hace, pero eso mismo lo llevó a cometer tantos errores a lo largo de su vida que seguramente ahora, con los años, le estarían pasando factura. No podía dejar de imaginarme la tristeza de su soledad, la angustia de encontrarse de nuevo a la deriva, llevándose en su maleta catorce años de nuestras vidas. Mis ojos se cerraron, no quería escuchar más todo lo que retumbaba en mi cabeza y fue en ese momento cuando escuché la voz de Juan Manuel, que preguntó al entrar a casa y verme en el balcón:

—¿Qué tienes, madre? Aún en bata y no huele a comida la casa. Qué raro. ¿Te encuentras malita?

Me giré y al quedar frente a mis hijos el llanto se apoderó de mí sin consuelo. A duras penas les pude contar la partida de Fernando.

Rocío, en un ataque de ira, casi gritaba:

—¿Cómo que se fue? ¿No va a regresar? Ni siquiera se despidió de mí y…

Tantas cosas nos quedaron por decirnos que yo no tenía respuesta para mi niña. Nos abrazamos y lloramos los tres sin poder entender lo que acababa de ocurrir, por qué tanta prisa. No había palabras para describir su actitud.

Después de una tormentosa noche dando vueltas en la cama vacía, pensando en ese avión que se llevaba una parte de mi vida, me levanté temprano y el día fue pasando lentamente hasta que por la tarde llamé por teléfono a la casa de la mamá de Fer en Argentina. Necesitaba saber cómo había viajado, cómo había llegado, a lo que él me contestó muy escueto y un poco tartamudeando:

—Bien… Todo bien. Olvidé decirte que mires en el cajón de mi mesa de noche. Allí dejé todos los papeles para que puedas iniciar el divorcio. —Fueron sus últimas palabras.

Han pasado algunos meses y no supe nada más de él. Nunca más llamó ni yo lo hice, aunque muchas veces moría por ello, pero cada vez que cogía el teléfono para llamar a casa de su madre, porque otro número no tenía, me repetía a mí misma: «Déjalo estar, es mejor así… Ponle punto final».

Poco a poco mi corazón fue encontrando el sosiego y la tranquilidad. Un libro de Jorge Bucay, *El camino de las lágrimas*, que ya había leído hacía muchos años, me fue acompañando nuevamente. Quizás Fer tenía razón: ya lo nuestro estaba perdiendo esa magia que nos unió, la risa y la complicidad, y yo anhelaba una vida más relajada.

Y en tanto trataba de equilibrarme emocionalmente, como un balde de agua bien fría sonó el móvil una noche mientras preparaba la cena. Me sequé rápido las manos con un repasador y corrí a coger el teléfono, que sonaba en la sala y apenas yo escuchaba. Era mi hermano Marcelo, que tristemente me comunicaba:

—Marita, nuestra madre sufrió un infarto cerebral y está en cuidados intensivos.

Con un nudo en la garganta pregunté:

—¿Tiene alguna posibilidad?

—No, hermana, ninguna. Según los médicos, puede morir en horas o quedar en estado vegetativo.

Yo no me encontraba con fuerzas anímicas ni económicas como para viajar a mi tierra y mi madre ya no podía verme ni oírme. Decidí esperar su desenlace en la distancia, en permanente contacto con mis hermanos, aunque mis hijos se ofrecieron a ayudarme si me apetecía viajar.

Pasaron algunos días y mi madre seguía en cuidados intensivos. Entonces, en una llamada, mi hermano Miguel me contó:

—¿Te acuerdas, hermana? —Y se refirió a un señor ya mayor al que habíamos conocido hacía tiempo.

—Bueno, vagamente lo recuerdo. ¿Qué pasa con él?

—Parece ser que estaba interesado en nuestra madre.

—¿Cómo llegas a esa conclusión, hermano?

—Porque ayer se presentó en el hospital pidiéndonos ver a Rosa. Lo dejamos pasar en el horario de visitas. Se arrimó a ella, tomó su mano entre las suyas y, muy apenado, aunque ella no lo escuchara, se despidió diciéndole: «Fue una pena que no te animaras. Hubiéramos tenido ambos una vida mejor».

Mientras escuchaba esas palabras que mi hermano me traducía, una angustia muy grande se apoderó de mí. Al fin supe qué pena se guardaba mi madre, entre tantas otras… Ahora entendía. Recordaba aquel día que le pregunté si había tenido la oportunidad de un nuevo amor, de un compañero de vida, y ella muy sonrojada me cerró la puerta en la cara. Se me antojaba pensar que su cobardía dio rienda suelta a vivir enojada consigo misma y por ello renegó tanto con mi decisión de ser feliz sin tener yo en cuenta los riesgos de los que ella me avisaba. Y en los últimos tiempos atosigaba de reproches a mis hermanos y sobrinos, logrando así quedarse cada día más sola.

Mi madre nunca despertó. La llevaron a su casa con el cuidado de las tres señoras y el constante desvelo de mis hermanos Marcelo y Miguel. Cuatro meses pasaron hasta que una madrugada dejó de respirar y en su rostro se reflejó la paz y tranquilidad que tanto ansiaba, según me contaron.

La mañana que me dieron la noticia llamé a sus nietos con la voz cortada por el llanto, quienes al cabo de un rato dejaron sus trabajos y estaban junto a mí llorando por su abuela. Recordaban los buenos tiempos, cuando Rosa les preparaba los mejores pasteles. No había mermelada más rica que la que hacía la abuela. Para cualquier capricho iban a por ella, que seguro que los complacía. Era su manera de demostrar el amor que les profesaba a todos sus nietos, ya que nunca fue de mimos ni caricias. Siempre le costó a mi madre expresar sus verdaderos sentimientos. Me sentía muy apenada, y más escuchando los recuerdos de mis niños, pero también agradecí a Dios por su eterno descanso. Ya estaba junto a mi padre y a mi pequeño hermano.

Escribir muchas de mis vivencias me ayudó en un principio a paliar la soledad de mis primeros años en una ciudad desconocida, donde poco a poco fui haciendo alguna que otra amistad. Después, a superar mis propios miedos, dolores y fatigas, recordando mientras escribía las penas y alegrías que me tocó vivir y poder dar gracias por seguir en pie, cantando (porque a pesar de todo siempre canto) mientras cocino, estiro la cama o friego los suelos de mi casa. Pero canto fatal. Lo bien que lo hacía mi padre y toda su familia… Yo soy un desastre. Hasta cambio las letras de las canciones porque las olvido, pero igual canto, aun con el chillido de Rocío cuando me dice: «Mamá, otra vez has cambiado la letra». Y cuando suena la música no puedo dejar de moverme, bailo. Me encanta bailar y espero hacerlo mientras pueda, mientras corra por mis venas un soplo de vida o mis cansados huesos me lo permitan. Como caminar por la bella Málaga en compañía de mis hijos y, ahora mismo, de tres sobrinos que siguieron mis pasos. Pensar que el vacío que dejó Fernando en mi corazón algún día se pueda llenar, no sé si de un nuevo amor o de nietos, quizás más amistades o solo saber que tengo alas para volar.

Hace unos días, después de seis meses del último control oncológico, fui con todos los estudios realizados al reconocimiento médico y el doctor, con una gran sonrisa, me dio la enhorabuena:

—Señora, los estudios están todos excelentes y se le ve muy bien.

—Sí, doctor, la verdad es que me encuentro muy bien. Y le diré que me cuido mucho.

—Por ello, cumplidos los cinco años sin ningún problema, le voy a dar el alta médica.

Me quedé muda, no sabía qué decir. Cuando pude pronunciarme le agradecí toda su atención y salí rápido de la consulta. Al salir me topé con la secretaria. Se paró frente a mí y yo, con los ojos llenos de lágrimas, atiné a gritar:

—¡Me dieron el alta!

Y esa mujer, que a voces no le gana nadie, empezó a dar gritos:

—¡Qué bien, qué alegría! A disfrutar de la vida.

Y al resto de la gente que en la sala de espera aguardaba, como lo hice yo tanto tiempo, les llegó un soplo de esperanza, de saber que se puede… Algunos quedan en el camino, sí, lamentablemente, pero muchos (y cada vez más) podemos salir adelante, siempre en tanto se tenga la constancia, la fuerza y no nos dejemos vencer por el miedo, el dolor y la angustia, plantándole cara a la enfermedad con optimismo y sobre toda las cosas, sin pensar que somos víctimas del cáncer. Nos tocó y hay que luchar, nada más.

¿Qué puedo decir del día que pasé después de haber recibido la buena nueva? La emoción me tuvo llorona mientras les contaba a todos que por fin tenía el alta oncológica y muy agradecida al hospital Materno Infantil de Málaga por todas las atenciones recibidas.

Un señor muy mayor me preguntó al subir al ascensor de mi piso y ver mis lágrimas:

—¿Qué te pasa, vecina? ¿Por qué lloras? ¿Dónde está tu bella sonrisa de siempre?

—Son lágrimas de alegría —le contesté.

—Pues entonces lloremos juntos. —Y me dio un abrazo muy cordial.

Ahora que me siento sana, fuerte y encontré paz en mi corazón quiero seguir disfrutando del amor de mi rebaño, estos hijos increíbles que me tocaron en suerte y por los que tantas veces miro a los cielos para contarle a Julio las bellas personas en que se convirtieron nuestros tres hijos, abriéndose camino, concretando grandes logros y superando etapas, unidos como piñas en un país que no es el nuestro, pero del que ya nos sentimos hijos por adopción.

FIN

Mi agradecimiento a mi profesora de escritura literaria y gran amiga, que con mucha paciencia me ayudó a superarme poco a poco y poder concretar este sueño.

Gracias, Bárbara Gil.

Sobre la autora

Nacida en Argentina, Rita Tam reside en Málaga desde el año 2009. Es una amante de la literatura y la escritura desde muy temprana edad. Al emigrar de su país, encontró en la escritura la manera de apaciguar la soledad de sus primeros años, dando lugar a su primera novela.